JN076259

7日間で劇的に変わる

経営運勢学《ビズトロジー》

孔子があなたの会社のコンサルに！

株式会社ネクストフロネシスブレイン
代表取締役
山口知宏

合同フォレスト

もくじ

第3章 1%の経営者しか知らない「経営運勢学」
——古代の優れた知識を会社経営に生かす

第4章　7日間で運勢が変わる！　セブンステップ法
――自分の星「本命星」を知り、吉方で開運する

第5章 「経営運勢学」で運命のシナリオを書き換える
——事例紹介［さまざまな経営問題とその解決法］

終章　世界を味方につける「天の法則」

序　章

「気学」と「易学」で経営者を成功へと導く「経営運勢学」

運勢を軸にした次世代経営コンサルティング

はじめまして。

私は「**経営運勢学（ビズトロジー）**」の第一人者の山口知宏と申します。私の主な仕事は、企業のサポートや経営者とスタッフの教育事業を行う経営のコンサルティングです。その内容は、一般的な経営相談から人事、採用、出店計画など、多岐に渡っています。

ただ一つ、一般の経営コンサルタントと違うのは、コンサルティングの内容全てにおいて「運勢」を主軸に置いている点です。運勢が上がる経営計画や、運勢が上がる採用、運勢が上がる出店計画や家相を考慮した店舗設計など、企業活動のさまざまな場面で運勢を左右するような決定事項があります。

経営には常に運、不運が付きまといます。だからこそ、実際に私が運勢によるコンサルティングを行った企業は、売上が倍増することも珍しくはありません。

運勢のお話をすると、占い師が語っているのだと思われがちですが、本書は占いの視点からではなく、経営コンサルタントの視点から運勢を取り上げています。鑑定業界では、企業経営の経験のない主婦やサラリーマンから独立起業した占い師が企業の指導をしているケースが多いのですが、私の場合は正反対になります。

前職では企業の立ち上げに携わっていましたが、企業経営者が運勢について語るという点では異色の存在なのです。

では、企業経営者がなぜプロの鑑定士になったのか。

前職では、立ち上げた会社がたまたま運に恵まれて急成長したのですが、その時に思ったことは、「**運のない経営者は成功しない**」という事実です。この経験が、私をプロの鑑定士の道へ向かわせました。

そして私は「気学」と「易学」に出合いました。本書のタイトルどおり、もしも孔子のような賢者が会社のコンサルタントだったら、どんな会社でも大成功するに違いない。そして、きっとこのようなアドバイスをするだろう、という私なりの、現代に合わせた孔子像を実現しようと考えました。その結果、これからお話しする「経営運勢学」という方法に行き着いたのです。

ここで孔子について簡単に触れておきましょう。孔子は紀元前552年または紀元前551年、周の時代に魯国に生まれた中国の思想家、哲学者（紀元前479年没）です。『易』『書』『詩』『礼』『春秋』の五経を経典とする思考、信仰の体系である「儒教」の始祖で、儒教は5つの徳目（仁・義・礼・智・信）を説き、「仁」（人を思いやる心）をもって最高の道徳であるとしました。孔子の死後約４００年かけて弟子達がその教えをまとめて編纂したのが『論語』です。

また、孔子は易経を完成させた聖人と言われ、本業は今で言うアドバイザーでした。易経に込められた儒教的な理想を政治で実現すべく、「力による政治」ではなく「徳による政治」を行い、周王朝の時のように国を末永く繁栄させようとしていました。

いわば戦略を考えるコンサルタントであり、国王の教育係でもあったのです。現代では、その思想を参考にして人材育成やコンサルに応用している経営者や企業が多くあります。『論語』が多くの経営者に愛読されているのも、その流れといえます。

そして『論語』の四書、五経に込められた儒教的な思想で国を繁栄させようとしたのが、二宮尊徳であり、澁澤栄一でした。さらにその流れを汲んで、松下幸之助などの優れた経営者が昭和の時代に数多く輩出されました。

「経営運勢学（ビズトロジー）」誕生の経緯

「経営運勢学」とはその名のとおり、経営と運勢をテーマにしたものです。

その源流は「社会運勢学」にあり、これは日本で最も有名な「気学」「易学」の専門家

図1　「経営運勢学（ビズトロジー）」とは

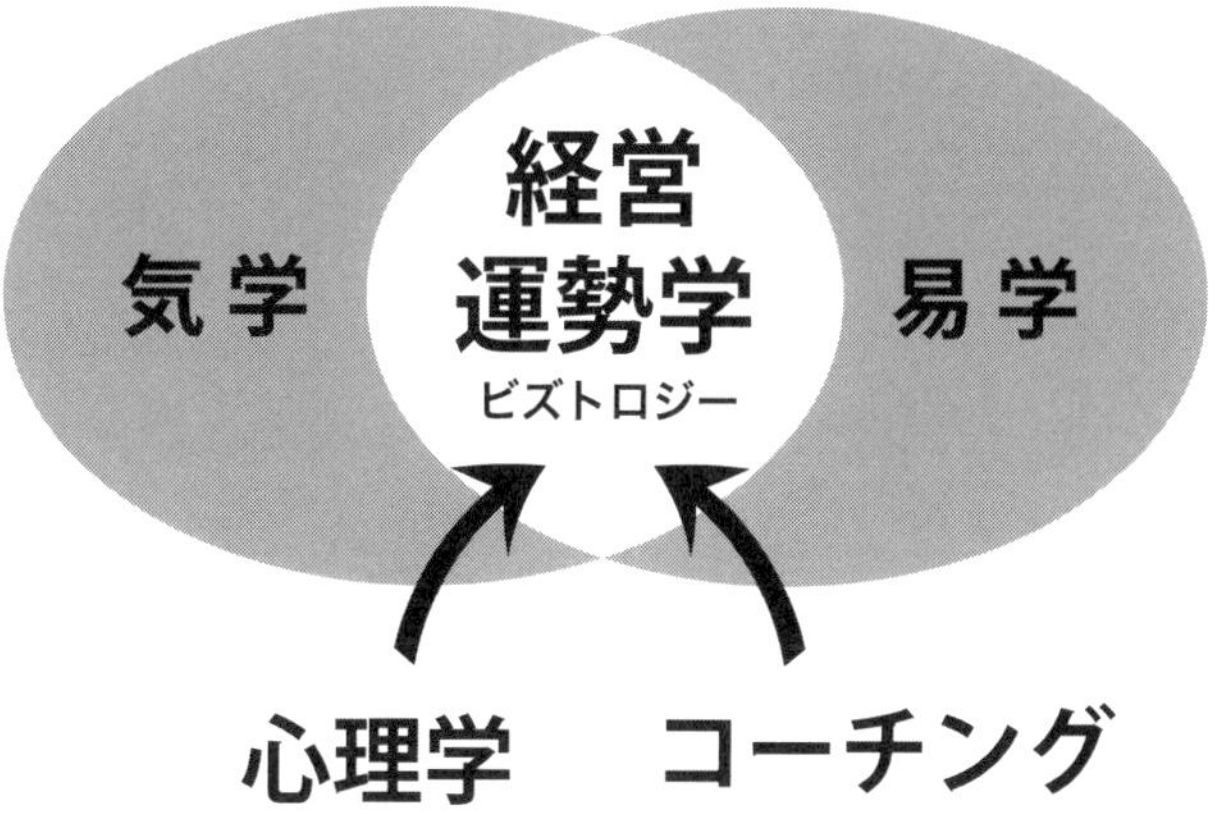

のひとりであり、私の恩師である、故・村山幸徳先生が創始した学問です。

　私はその「社会運勢学」を広く世の中に普及するための団体、一般社団法人社会運勢学会の理事も務めています。

　村山先生は、KADOKAWAから毎年発行されている『展望と開運』の著者であり、村山先生のご逝去後は、私とその仲間が執筆を引き継いでいます。

　私は村山先生亡き後も「気学」「易学」を研究し続け、心理学やコーチングの要素などを融合して体系化し、独自の「経営運勢学」という手法を確立しました（図1）。

　そして、経営コンサルタントとして独立し、この手法を使って、今まで数百人の社長の悩みを解決。業績を飛躍的に伸ばすお手伝いをしてきました。

全国各地で勉強会を開催し、この「経営運勢学」を実践した経営者の会社は、年商が5〜10倍、なかには100倍になったケースもあります。

経営者の悩みは、社内の人間関係、業績、資金繰り、そして家族との関係など、多岐にわたっています。それらを集約すれば、いわゆるヒト、モノ、カネの問題となり、そのなかでも、ヒトの問題が経営者の悩みの多くのウエイトを占めています。そして私は思考錯誤の末、問題の本質は、経営者の運気とその人の器（人間性）にあるという結論に行きついたのです。


運勢がよくて勢いがある時は、大した問題も起きませんし、判断も悪くないのです。少々問題が起きても、結果オーライで大ごとにはなりません。

しかしひとたび運勢が落ち始めると、やる事なす事が裏目に出始めて、非常に判断の悪い手を打つようになり、それがまた悪循環を引き起こします。そんな時に限って、潜在的に存在していた問題も吹き出したりします。まさに弱り目に祟り目というやつで、あちらこちらで問題が炎上して火消しに追われることになります。

問題の本質は人間関係であって、運勢の悪い時は、判断の悪さから人間関係をこじらせるのです。運勢がよかった時は人間関係が円滑で、周囲の人が問題を未然に防いでくれていたので問題にならなかったものが、運勢が悪くなると、これがうまく機能しなくなるのです。

なぜそのようなことが断言できるかというと、前述したとおり、私は現在の手法を確立する前に、地方で雇われ経営者として事業の立ち上げを行っていました。経営を任された会社をあらゆる手法を用いて、ゼロからわずか5年でグループ年商20億円、経常利益10％を超える業績を生み出すまでに成長させました。しかし急激に成長させた会社は、見た目の華やかさとは裏腹にさまざまな問題を孕んでおり、オーナーや役員、グループ会社の社長も含めて、とても表沙汰にはできないような問題が続出したのです。

その多くはヒトの問題でした。「お金を持つと人が変わる」という言葉をよく耳にしますが、まさにそれを地でいくような状況でした。

東京に戻らなければならない事情があり、事業が軌道に乗ったタイミングでもあったので、私は会社を離れましたが、その後、社内はグジャグジャになっていったのです。

一時的に成果を上げるのはそれほど難しいことではないのですが、その反動で数年後には業績が元に戻ってしまったり、かえって悪化してしまったのでは意味がありません。継続して成果を出し、事業を成長させ続けるには、経営者の人間性を含めた器と、運勢という要素が欠かせないと考え始めたのはこの時期でした。

その後、コンサルタントとしてたくさんの会社に関わるようになり、この考えは確信に変わりました。運のない経営者は成功しませんし、その人が持っている器以上には売り上げも利益も上がらないのだと――。

そこで着目したのが、日本経済史に名を残すような人たちの思想でした。日本近代経済の父と呼ばれている澁澤栄一は『論語と算盤』を著し、「道徳経済合一説」という理念を打ち出しました。

また、澁澤栄一や松下幸之助など、日本の名だたる経営者に思想的影響を与えたといわれている二宮尊徳は、『報徳思想』を唱え、地方行政の財政再建に辣腕をふるいました。どちらも、道徳と経済を両立させるという思想です。さらに松下幸之助が、採用試験で応募者に「君は運がいいか？」と聞いていたという話は非常に有名なエピソードで、自身も運勢を強くすることに非常にこだわっており、「成功するかどうかは90％が運」とまで言っています。

私は、その核心の部分を直に教えてくれる人を求めて探し歩きました。そして私の恩師である村山先生に出会い、本格的に「気学」と「易学」を学ぶことになるのです。

運気を高めるというと、神社やパワースポットに行くとか、お守りやグッズを身に付けるとか、便器の蓋を閉めたり、玄関を掃除したりとやることはさまざまです。また、人生の選択に迷ったときに占いに行く人や、経営者によっては経営判断において占いを参考にする人もいます。これらを実践している人は世の中に相当数いて、それなりに幸せになっていると思いますが、年商が数十倍になったとか、事業規模が桁違いに大きくなった、などという話はあまり聞きません。

では、なぜ私の下で学んでいる人は大きな成功にたどり着くのでしょうか？

「経営運勢学」は「気学」と「易学」を根幹としてはいますが、占いとしての要素よりも、宇宙の根本原則を知り、それを経営や人生の中に生かす実践哲学に着目して構築されているからです。「気学」や「易学」というと、九星術や亀甲占いのように「占星術」の一つとして捉える方が多いのですが、「経営運勢学」はそうではありません。

「易学」や「気学」の源流になる思想は、古くは孔子や釈迦も学んでいて、四書五経《ししょごきょう》そのものや、仏教にも大きな影響を与えており、単なる占星術ではありません。この思想の根本原則は、現代の日本においても、成功を目指す経営者に必須の学問、経営スキルなのです。

そもそも「気学」や「易学」の源流は、天体の動きや宇宙の物理法則を追求した天文学・物理学に端を発しています。宇宙の真理を解き明かし、それを活用しようという試みから長い時を経て発展してきました。さらには、天下国家の運営から会社などの組織、身近なところでは家庭という小さな組織に至るまで、その組織づくりと要諦、現代風に言えばマネジメントの本質を説いており、人はどう生きるべきかというところまで踏み込んだ哲学です。

「気学」の考え方の源流である陰陽学を学んだ諸葛孔明を始め、現在のような時計がなかった時代の軍師たちは、どのタイミングで軍隊をどの場所に配置するか、どのタイミングでどの方向からどの場所へ攻め込めば勝てるかといった戦術に、太陽や星などの天の動きを活用していました。

「易学」とは中国の古典である四書五経の一つ、『易経』で語られている思想であり、孔子を始祖とする儒教思想の中核をなすものです。中国の昔の上級公務員試験である科挙には四書五経の内容が出題され、四書五経の考え方が国を動かす基礎でした。

そして日本にも「易学」が伝わり、将軍家や明治維新の志士なども「易学」を活用していたことが知られています。

つまり「気学」や「易学」は、単なる方位や吉凶を占うものではなく、国家の繁栄と民の安寧のため、君主が国を治める際に用いた帝王学なのです。

一流のリーダーや経営者は「気学」や「易学」を学んだ

「気学」は、中国古代の陰陽五行説（万物は陰と陽があり、自然界は木・火・土・金・水の五大要素からなる）を起源とした鑑定方法「**九星術**」がベースで、大正時代に園田真次郎氏が体系的にまとめたものであり、園田氏が「気学」と命名しました。

その人の性格・運勢・相性・方位の吉凶・家相・地相などを鑑定する学問が「気学」です。

園田氏は、「気学」の目的は、「自分のことを正して社会の役に立ち、進んで貢献すること」であり、そのための方法が、**方位や家相・地相などを「吉」とすること**であると説きました。

このように、民が幸せになるための「実践の哲学」である「気学」が共感を呼び、大正時代の皇族を始め、多くの人々が「気学」を学びました。

また、園田氏の直弟子の下にも、松下幸之助氏を始め、昭和時代に一世を風靡した経営者がたくさん学びに来ていました。

例えば、松下氏が自分の全財産を注ぎ込んだ別荘、光雲荘が兵庫県西宮市にあります。

後に移築されましたが、私は、この光雲荘の立地を見た時に、松下氏が確信をもって「気学」の技術を取り入れていることが分かりました。

光雲荘は、気学的には、非常に運気が高まる場所を選んで建てられており、これだけ良い条件がそろう立地は滅多にありません。さらに、その隣に名次庵《なつぎあん》という別宅を建て、夫婦でそこに住んでいました。運勢の強さを意識する松下氏らしいこだわりでした。経営者の運勢というものは、経営判断を通して決定的に会社に影響を与えます。もし、「気学」の技術を使わなければ、ここまで松下電器産業（現パナソニック）は発展しなかったことでしょう。

ほかに、トヨタ自動車も「気学」を使っていることが分かる事業展開があります。トヨタの繁栄の歴史を振り返ると、豊田英二氏の時代に加速度的に業容が拡大しますが、工場を開設するタイミングや場所などを見ると、社長の星を使って、発展する方位と時期をことごとく見計らって実行していたのが分かります。

また、「気学」や「易学」を意識しているのは、昭和の経営者だけではありません。SBIホールディングスの北尾吉孝社長も、年頭の社内挨拶で「今年の十干十二支は○○で、こういう年になる」と言って、その年の傾向を経営方針に生かしています。また、「北尾家には、代々中国古典の教えが受け継がれてきた」とも語っており、易経や論語を人生の指針としていることは明らかです。さらに「すべてのものには波動がある。（波動を生かすためには）まず今の自分の運気を知ることが絶対条件だ」とも語っており、氏自身がその波動をビジネスにも生かしているのです。

経営者本人が「気学」や「易学」を勉強するケースだけでなく、鑑定士を付けている企業もあります。例えば、東急電鉄のように不動産や都市開発をする会社は、地相などの鑑定が不可欠ですから、鑑定士がいないほうが珍しいといえるでしょう。

また、私の師匠である村山先生は、細川護熙氏が日本新党を立ち上げる時、政策秘書として同党に入りました。当時ＷＢＳ（ワールド・ビジネス・サテライト）のキャスターの小池百合子氏を日本新党でスカウトした時、小池氏の星のラッキーカラーは緑なので、「絶対に緑を使って選挙に勝て」とアドバイスし、それから小池氏はずっと緑をテーマカラーとしています。

ほかにも、竹下登氏も、易を立て、消費税導入を決めたと言われています。

実は、皆さんが知らないだけで、政治の舞台裏でも「易学」と「気学」はずっと使われてきました。そのほか、旭化成の「化成（天下を成すだけの大事業ができる）」、資生堂の「万物資生（すべてのものは、ここから生まれる）」のように、易経の一節から社名を取っている会社も少なくありません。

このように、国の支配者やリーダーといわれる人たちは、昔から「易学」や「気学」の技術を使ってきたのです。

「気学」と「易学」は目標達成に導くための戦略

本書でご紹介する「経営運勢学」は、よくあるビジネス書に書かれているような小手先のテクニックの伝授ではありません。本来、「気学」や「易学」の知識は、長期のスパンで全体を底上げしていくやり方なのです。

例えば、世のビジネス書に書かれているノウハウが戦術であれば、「経営運勢学」は戦略だといえるでしょう。多くの経営者が、戦術と戦略を区別せずに経営を行っていますが、企業でいえば、戦術は行動基準、具体的な手段です。一方、戦略は経営理念、目標や目的、進むべき方向を示しています。

孫子の兵法にもありますが、戦略が状況に合っていれば、少々戦術が間違っていても成功します。なぜなら、時間が経過すればするほど有利になるのが戦略論だからです。

しかし、そもそもの戦略が間違っている場合は、行き当たりばったりの戦術や対処療法で凌ぐことになり、時間の経過とともに戦況は不利になります。

そのような戦い方では、最終的に必ず負けるので、絶対にしてはいけないと孫子は言っています。「時間が経過するほど有利になる方法を取らなければ、戦いには勝てない」と。

商品販売に例えれば一目瞭然ですが、セールスは戦術で、マーケティングは戦略です。どんなに頑張って売ろうとしても、市場が何を求めているのかというマーケティングができていなければ、物やサービスは売れません。

ドラッカーは、「マーケティングの究極の目的は、セールスを不要とすることだ」と述べています。マーケティング戦略がしっかりと練られていれば、売り込みをしなくても自然と商品は売れるというのです。

実際に私も経営コンサルタントに転身してから、本書を出版するまでは一切のセールス活動をせずに日本全国にビジネスを広げてきました。もちろんこれは私の力というよりは、「気学」「易学」をベースにした独自の「経営運勢学」という手法のおかげです。

そういう面で、**私の説く「気学」は、戦術論ではなく戦略論です**。いかに自分のポテンシャルを上げて、運気をいい方向へもっていくか。「気学」を学ぶとは、ビジョンを持って人生を高めていくということなのです。

また、「長期のスパン」と言ったのは、例えば学生が中間試験や期末試験などでいい点を取ろうと思ったら、一夜漬けで何とかなります。しかし、東大に入るには一夜漬けではどうにもなりません。

大きな成果を得ようと思うのであれば、継続することが必要です。瞬間的な小さな成果は瞬発力でも出せますが、人生を左右するような大きな成果を出すのであれば、継続力が必須です。これこそが、戦術ではなく戦略が大事だという理由なのです。

物事を短期的に考えず長期的に考えることができる人は、何をやっても成功します。これは成功法則の王道です。ですから、その場限りの成功を求める人には本書で紹介する内容は向いていません。

私が考える大きな成功とは、冒頭で説明したように、メンタルを含めた人間的な器を拡大し、運勢を高めていって永続的な成功を収めることなのです。その結果得られるものは、良好な人間関係と金銭的な豊かさからくる、大きな幸せです。そのような大きな成功を望む人は、ぜひ本書を読み進めてください。

変えられないものの中に凶はない

「気学」は、吉凶で判断するのが基本となっていますが、私が提唱する「経営運勢学」の大前提として、**「変えられないものの中に凶はない。変えられるものの中にこそ凶があ**

る」という考え方があります。

自分がどんな親から生まれたか、どんな家系に生まれたか、何月何日に生まれたかということは、宿命論に基づく考え方で変えることはできません。

よく、「生まれた誕生日によって運勢が全く違う」と言われ、ＴＶなどの鑑定で、あの人は「類まれな幸運の下に生まれた」などという話を耳にします。もちろん運勢の強い・弱いはありますが、本当の吉凶はそこにはありません。

では、変えられるものは何かといえば、名前（姓名鑑定）、住む家（家相）、引っ越し（移動方位）などです。**先天的なもの（宿命）は変えられませんが、後天的なもの（未来の運命）は変えることができるのです**。

例えば、名前は生まれた後に親に付けてもらうものですが、タレントの芸名のように、「ビジネスネーム」として、運勢がいい名前に変えてもいいわけです。また、家相や地相も、引っ越すことで変えられます。

つまり運勢の吉凶は、全て後天的なものの割合のほうが何倍も多いのです。

生まれに吉凶はありませんが、生まれた後の行動には吉凶がある。ですから変えられない過去で吉凶を見るのではなく、未来にどういう行動を起こすかのほうが大事なのです。

「気学」では、生まれ年によって**本命星**という星が決まり、その星の個性と傾向がその人の人生に現れます。しかし、それはその星がラッキーかアンラッキーかは関係なく、これからどうするかが大事だと考えます。過去は変えられませんが、未来は自分自身で選択することで変えられるからです。

その星に生まれたら一生不幸、ということではありません。名前、住む場所、引っ越し（移動方位）など、今から自分たちで変えられるものはたくさんあります。これらは**運勢に対する設備投資**です。設備投資もせずに会社がよくなるわけはありません。

ぜひあなたの人生に「気学」を取り入れ、生まれた時に定められた運勢をどんどん修正していきましょう。

「経営運勢学」は自己実現の手段

心理学者アブラハム・マズローは、「人間は自己実現に向かって絶えず成長する生き物である」と唱えました。では、どうしたら自己実現ができるのでしょうか。

「気学」では、持って生まれた星には個性があると考えます。生まれ持った個性と共にあるのが、両親や先祖から引き継いでいる家系の宿命です。私たちは両親を含む先祖から

DNAを引き継いでいると同時に、その家系にまつわる何もかもを引き継いでいるのです。

それが生まれた時の環境であって、言い換えればそれを宿命と呼びます。そしてほとんどの人はその宿命と呼ばれる一本道のレールの上を、運命というトロッコに乗って終着点まで運ばれて行きます。

これが宿命論から見た個人の人生です。ですから、誕生日などを起点にする鑑定はこの原則に則っています。


一方、それぞれの星には宿命と同時に「使命」があり、その時、その場所に、何かしらの役割を持って生まれてきます。自身の個性を生かし、その役割を果たしていく中で、自己成長と自己拡大があります。

「使命」とは、使ってもらう命と書きますが、では、誰に使ってもらうのでしょうか。究極的には宇宙の大いなる意思に使ってもらうことですが、言い換えれば周囲の人から必要とされること、世の中の人から求められることだと思います。

その使命を生きていく中で、自分自身が本来持っている個性を発揮すれば、自分も周りも幸せになっていくのです。

その人の持つ個性が本当に生かされ、社会の役に立つようになれば、それは使命を果たせていると考えられますし、それが自己実現でもあります。自己実現とは、その人の持っている可能性が最大限に発揮され、人生に大輪の花を咲かせることを意味します。

桜の花であれば、精一杯咲くことが世の中に貢献することと言えます。人間も同じように、その人の命がその人らしく最大限に咲くことが実は社会貢献なのです。

しかし世の中には、その人らしくない咲き方をしようとしている人がたくさんいます。そうすると、その人の命そのものにも不自然さや無理が生じ、世の中を喜ばせることもできなくなります。あまりいい生き方とは言えませんし、当然、大きな成功を望むことなどできません。

「経営運勢学」が大事にしているのは、「気学」「易学」を学ぶことで本来の使命を知り、経営を伸ばすことはもちろん、**自身がより大きな成功を収めることにより、世の中をより良くしていくことです**。社会を構成する個々人が本質的に良くなれば、社会そのものも良くなるという考えです。

自己犠牲によって世の中が良くなるのではなく、自分自身が良くなることで、結果的に世の中が良くなっていく。そのためには、経営者自身の人間性を上げる必要があるのです。自分の利益だけを考え、周囲に不義理をして儲けたとしても、それは星に与えられた使命から外れますし、あだ花は長く咲き続けることはできません。

人間性が上がれば、今度は会社の社員や家族との関係が変わります。それが、家族、地域、社会が良くなることにもつながります。

それによって、自分と周囲の人たちの永遠の繁栄が約束される。それこそが「経営運勢学」の真髄であり、私が最終的に経営者のみなさんに目指していただきたいところでもあります。

「気学」「易学」とは何なのか、そしてそれを統合した「経営運勢学」とはどのようなものなのか？　さらにはそれがご自身にとって、そして会社経営においてどのように役立つのか。

本書がそれを知る一助になればこんなにうれしいことはありません。

第1章

産業消滅時代の
経営者に
求められること

ルールチェンジを利用し、
シンギュラー・ポイントを超える

これからの世界で生き残れる会社とは？

日本も世界も今、大きな変革を迫られています。コロナ禍やロシアのウクライナ侵攻、中国不動産バブル崩壊など世界情勢が不安定となり、これまでのセオリーが通用しないかもしれません。それを不振の原因に挙げる経営者がいます。ある部分では正しいかもしれません。

しかし、逆境を逆手に取って売り上げや業績を伸ばしている会社があるのも事実です。

「業績が悪くなったのは、果たしてコロナが原因なのか？」

たまたま今回はコロナ禍でしたが、以前にもブラック・マンデー、リーマン・ショック、東日本大震災など、数年おきにいろいろな激変が起きており、企業活動に影響を与える外的要因がない時のほうが稀だといえるでしょう。

そうした外的要因の中でもっとも会社の経営に影響を与えるもの、それはマーケットの状況ではないでしょうか。ビジネスをしている限り、マーケットの状況を無視することはできません。その数年おきの激変の影響でマーケットもまた大きく変化しているのです。

しかし私がこれまで出会った数多くの経営者を見ていると、①変化がうまくつかめず、振り回されてしまう経営者、②じょうずにコントロールして自分の流れに取り入れることができる経営者――の2パターンに分かれます。

いうまでもなく、会社の経営が傾いたりつぶれたりする経営者は①のタイプです。外部環境の変化にどう対応するかで会社の業績が左右され、対応の要因はたくさんあるのですが、自社の経営資源をどこに、どのタイミングで投入するかは経営者の意思決定に委ねられます。

最終的には経営者の判断で対応が決まることからも、経営者の思考が会社の進路に大きな影響を与え、業績を大きく左右するのです。

会社を取り巻く外部環境は変えることはできませんが、それらへの対応は自在に変えることができます。経営者の考え方一つで、ピンチだと思われることをチャンスに転換できる会社にもなれば、そのままピンチになる会社にもなります。

そしてこれまでの外部環境の変化は、本当にある日突然やってきたのでしょうか？　一度疑ってみる必要があります。

ちなみに「易学」では、「兆し」を読むことを大切にしており、大きな変化は、小さな変化の集積で起きるとされています。そうであるならば、外的要因の変化の兆しは以前からあったはずです。

しかし、現在苦境に立たされている経営者はそこに気づかず、もしくは注力せず、「まだ大丈夫だろう」と思っていたために苦境に立たされているのです。

実は現在、コロナ融資の返済が始まって経営が厳しい会社は、コロナ禍以前から問題を抱えていたケースが大半です。それがコロナ禍で顕在化したり、急激に変化していくビジネス環境についていけず、今までのビジネスモデルが合わなくなってしまったのです。つまり、外的要因に対応できない＝ビジネスモデルを時代の変化に合わせられていないということです。

具体的にいうと、例えばコロナ禍で多くの飲食店が大打撃を受けましたが、もともと飲食店の多くは利益率が低い経営状態の所が多いのです。大手飲食チェーンであっても薄利多売でギリギリの経営状態の会社もあります。ましてや、1階が店舗で2階を自宅にしているような家族経営の小さな店は、どんぶり勘定で利益が出ているかどうかさえ分からない自転車操業のような経営状態だったのが、ステイホームや営業自粛でトドメを刺されただけにすぎません。

しかし、そうした厳しい環境の中でもピンチをチャンスに転換した飲食店もあります。テイクアウトや出前に力を入れて、店舗のキャパ以上に売り上げを伸ばしたり、補助金をもらわない代わりに営業を続けた店などです。中には、潰れた飲食店の物件を購入し、さらに事業を拡大している店もあります。

旅館業界においても、営業停止で次々と倒産や破綻といったニュースが駆け巡りました。そんな中でも、「ワーク（労働）」と「バケーション（休暇）」を組み合わせ、「ワーケーション」という名前でリモートワーク用パッケージを販売し、業績を伸ばした宿泊施設もありました。

また、営業停止となったホテル内のレストランが、ルームサービスという形態で食事を提供するなど、知恵を絞ることで逆に売り上げを伸ばしたケースもあります。

リモートワークでスーツ需要がなくなった紳士服のアオキは、発想の転換で、自宅でのオンライン会議参加の際に着られる「パジャマスーツ」という大ヒット商品を生み出しました。

日経新聞によれば、コロナ禍における２０２１年４〜12月期の純利益が過去最高だった上場企業は、全体の３割にあたる６２０社に達したといいます。

つまり、業績悪化の理由として外的要因を挙げる経営者は、一流の経営者とはいえないということです。外的要因の変化や社会の需要に合わせ、自社のリソースを次々に変化させていく経営者こそ一流といえるのです。

ホモサピエンスが生き残り、ネアンデルタール人が絶滅した

少しここでスケールの大きな話をさせてください。

地球が宇宙に誕生して以来、常に時代は変化しています。

今から約6550万年前、ユカタン半島に隕石が衝突し、地球は氷河期に入りました。

地球環境が激変した結果、恐竜やネアンデルタール人は絶滅しましたが、ホモサピエンスは生き残り、生物学的には地球上の支配者になりました。

これこそまさに、ダーウィンのいう「適者生存」です。

なぜホモサピエンスが生き残り、恐竜やネアンデルタール人は絶滅してしまったのでしょうか？

一説ではホモサピエンスは、動物の骨で針のようなものを作り、動物の腱を糸代わりにして、動物の毛皮で防寒具を作ったからだといわれています。

また、体格のよいネアンデルタール人のほうが、痩せ型のホモサピエンスよりも食料を多く必要としたため、食料の少ない氷河期時代を生き延びることができなかったという説もあります。

要するに、状況の変化に対応できたものは繁栄し、状況に合わせて自分を変えることが

できなかったものは滅びるということです。これは、地球の歴史が物語っています。

ビジネスも同じで、弱肉強食の世界だと思われがちですが、前述したコロナ禍で業績が悪化した会社の例に照らし合わせても、最後に生き残るのは強弱ではなく、「適者生存」に敵《かな》った会社です。その時代の変化の兆しを捉えたときに、自分（会社）を積極的に変えていく者のみが最終的には勝ち残るのではないでしょうか。

いよいよ状況が悪化してから「これは大変だ」となって慌てて変えても、逃げ遅れる可能性が高くなるだけです。最悪なのは、状況が悪化しても、環境が元の状況に戻ることを祈りながら、自分の現状を全く変えない経営者です。

地方の駅前商店街がその典型的な例ではないでしょうか。

高度経済成長期には、ビジネスモデルが時代にマッチしていたので、黙って待っていてもお客さんが次から次へとやってきてたいへん繁盛しました。しかし時代の変化と共にスーパーマーケットが台頭し、やがて郊外の大型ショッピングセンターがそれに取って代わり、そして現代ではネット通販へと主役が交代しつつあります。地方都市の駅前は、例外なくシャッター通りと化してしまったのです。

このように、時代の変化にどう対応していくかによって、その会社の業績の明暗は大きく分かれます。社会情勢が悪化しても業績が上がる会社は、変化を兆しの段階で捉えて、次の手を打っています。しかし、つぶれる会社は、経営者が何もしなかったり、時代の変化に業態を合わせられず、まるでネアンデルタール人のように絶滅していくのです。

人間は変化を望まない生き物である

では、社会情勢や景気などの外的要因に合わせて変化できる経営者と、変化できない経営者とでは、どこに違いがあるのでしょうか？

ひと言で言ってしまえば、「**変化できない経営者は、過去を見ている経営者、変化できる経営者は、未来を見ている経営者**」です。

世の中の状況が変化し、文句をいう経営者が見ているのは過去ばかり。「以前はこうだったのに」「世間が（顧客が、消費者が）以前と同じように○○してくれない」など、いわゆる過去回想型です。

一方、不況の中でも業績を上げられる経営者は、自分の目指すべき目標に対して「今の状況は、こう変化している。自分は今後、現状とのギャップを埋めるためにどう変わるべきか」と、未来に思考を向けることができる経営者です。

ここで過去回想型になるか未来志向になるかが、経営者としては大きな分かれ道になります。しかしほとんどの経営者は、「変わりたくない理由」「変えなくていい理由」を探すのです。「そんなこと、言われなくても分かっているよ」、という意見も聞こえてきそうですが、未来志向は意外にできそうでできないのです。

実は、これには心理学的に正当な理由があります。なぜなら、「変わりたくない」というのは、命あるものすべてに該当する生命の本質だからです。

そもそも生命の至上命題は、「DNAを次の世代に受け渡すこと」です。DNAが改変されると生命を維持できなくなりますから、「変わらないこと」が大事です。例えば哺乳類には体温を一定に保つなど、「恒常性維持機能（ホメオスタシス）」という働きがあります。

それだけではありません。わたしたちは容易に変わらないように、「変わることは、何かが制御不能になる」という、変化に対する恐れが思考回路にインプットされています。例えば、何かを変えることで、何かトラブルが発生する可能性がある。そしてそれはもしかしたら、がん細胞のように暴走して止められなくなるかもしれないという恐怖があり、人は保守的になっていくのです。

このように人間の体（ハードウェア、プラットフォーム）も、わたしたちの思考（インストールされているソフトエア）も「変わらない」ことが基本であり、思考を一定の幅の中に閉じ込めてしまうことが安心材料になるのです。

図2　コンフォート・ゾーン

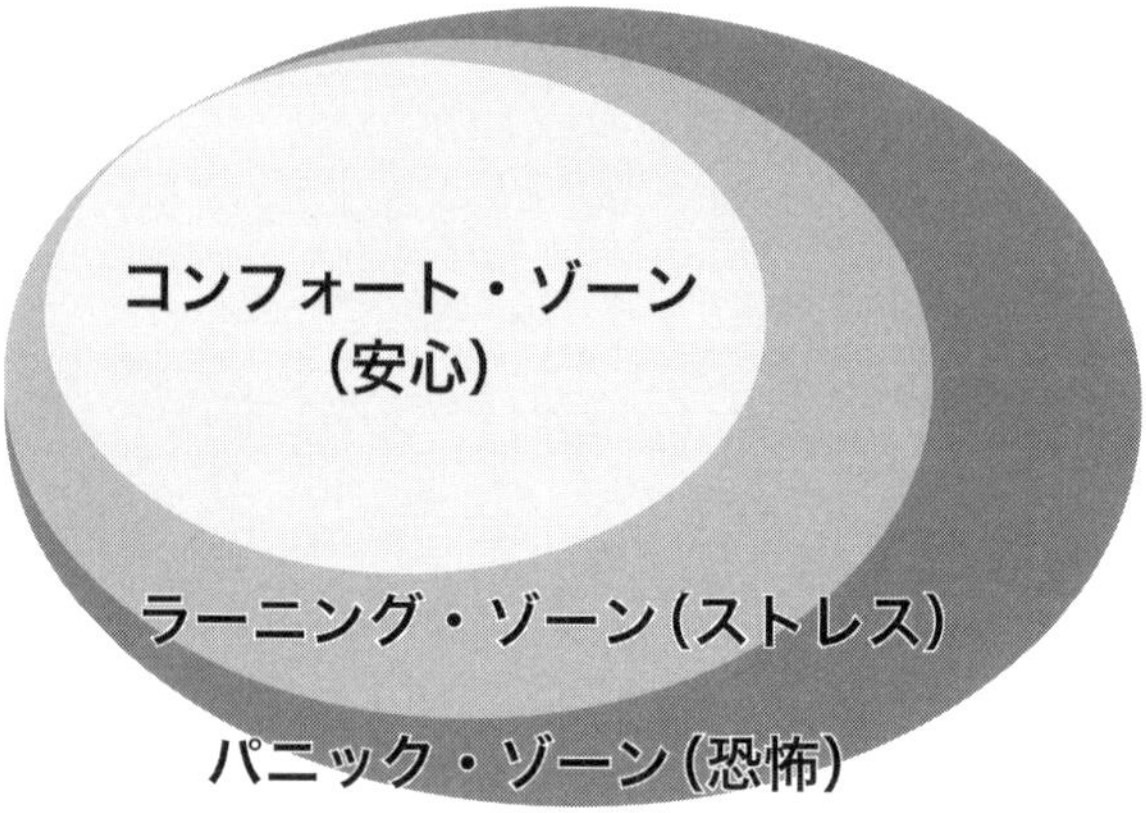

この「一定の幅」を、「快適ゾーン（コンフォート・ゾーン）」といいます（図2）。わたしたちは、コンフォート・ゾーン内で許容できるものは容易に受け入れることができますが、コンフォート・ゾーン外で許容範囲外のことが起きるとその段階で思考がフリーズしてしまいます。

これは心理学的にも明らかにされており、目の前に何かとんでもない事態が起きると頭が真っ白になりますが、あれはまさにその状態です。

あるいは、何かトラブルが起きた際、今すぐ対応しなくてはいけないのに、まるで金縛りにあったように動けなくなってしまった経験をお持ちの人もいるかもしれません。

さらに、人間の脳はものすごい量のエネルギーを消費します。

しかし過去の延長で物事を行えば、思考のエネルギーをかなり節約することができます。そこで私たちは、ルーチンワークに落とし込むことで、思考で使うエネルギーをなるべく消費しないように、省エネ機能を備えています。皆さんも、慣れないことをやった後に、ものすごく疲れた経験をお持ちだと思います。慣れたことは無意識にできるのに、初めてのことはものすごく緊張する。これも私たちに変化を起こさせない原因の一つです。

人間は基本的に、変化を好まない生き物なのです。だからこそ、あなたが変化を起こせば、ほかの経営者に大きく差をつけることが可能になるというわけです。

世の中が変わった時は「ルールチェンジ」を利用する

生命の至上命題は、「DNAを次の世代に受け渡すこと」と前述しましたが、ただ単に引き継げばいいというわけではありません。ダーウィンの進化論で語られているように、種は常に進化することを求められています。

その進化の前に何が起きるのかというと、一つは環境の劇的な変化です。氷河期を通して生物が進化したように、種を進化させるための変化が定期的に訪れます。

恐竜は絶滅しましたが、この過酷な環境を生き延びた生物もいます。環境の変化に対応して種を進化させたものだけが、次の時代へと命をつなぐことができるのです。これは生物界の大原則です。だからこそ、かたくなに自分を変えない者は滅んでいくのです。

実は、人間社会の歴史にも、氷河期と同じような試練が何度も訪れています。

例えば、コロナ禍の前は、2度の世界大戦、ブラック・マンデー、リーマン・ショックなど。さらにその前には、全世界の4分の1ぐらいの人間が死亡したペストの大流行もありました。

しかし多くの成功者は、そういった試練の中でイノベーションを起こしました。

例えば、コレラ、炭疽病、狂牛病など、さまざまな伝染病が流行する中で、パスツールは初めてワクチンを開発。それにより私たちの生存率は劇的に向上しました。また、明治維新という政治体制の劇的な変化によって幕臣となり、ヨーロッパへ渡った澁澤栄一は日本の近代化のために奔走し、今日の産業の基礎を作りました。

このように人間社会も、幾度の試練を経て進化してきたのです。そして今回のコロナ禍も、ロシアとウクライナの戦争も間違いなく人類を進化させる試練です。第二次大戦後にできあがった国連を含めた世界の枠組みも、大きく変わらざるを得なくなっています。この状況を災いと捉えるのか、チャンスと捉えるのかで、絶滅していく人と繁栄する人に大きく分かれます。

世の中の状況には、本質的には善悪もなければ吉凶もありません。

丁度コインの表と裏の関係のようなもので、実体は一つであるのだけれども、どちらの側面が見えているのかということなのです。ですから、ピンチが大きいほど、裏を返せばチャンスも大きくなります。今までのビジネスモデルが通用しなくなり、倒産する会社が増えれば、その分マーケットに空きができます。

大きなシェアを持っているところが価格主導権を握っていて、すでに出来上がっているマーケットに対して新参者が挑戦するのは、なかなか難しいことです。しかし、覇者が倒れれば、新興勢力が参入できるチャンスができます。これが「ルールチェンジ」です。このことに気づくかどうかで、生き残れるか否かが決まります。

そして、賢い人間は人為的にマーケットのルールチェンジを作り出します。

例えば、車のEV化。これまでは、トヨタグループを筆頭に、環境対策の分野では日本勢がハイブリッドの技術で大きなマーケットシェアを握っていました。しかしヨーロッパやアメリカが意図的にその状態を崩したため、テスラのような弱小だった新興メーカーが一時的にでも時価総額で世界トップになるという、今までは考えられないようなことが起きたのです。

これは、EV化というルールチェンジが起き、新しいマーケットの分野が現れたことによって、テスラが参入できたからにほかなりません。

今回は、コロナ禍やロシア・ウクライナ戦争でルールチェンジが起きました。産業も劇的に変わるはずです。これをうまく利用できるかどうかが、経営者として成功するか否かにおける最大の鍵になります。

「シンギュラー・ポイント」で元には戻れない世界になった

「シンギュラー・ポイント」とは物理学の用語で不可逆的変化ということですが、これが起きると、もう元には戻らない世界がやってきます。すなわち、通常の定義には収まりきらない時代の異質な転換期をシンギュラー・ポイントといいます。

その重要性から、近年の私のセミナーでは、**気学的には2020年を境に気の流れが大きく変わって、私たちがこれまでに経験してきた世界とはまったく異なる世界が出現する**と度々お伝えしてきました。今、数百年に一度のシンギュラー・ポイントを超えて、宇宙に流れるエネルギーの質が大きく変わり、その結果、時代も大きく変化しているのです。

海流に例えれば、潮目が変わったようなものです。宇宙のエネルギーはまるで鳴門海峡の渦潮のように大きな渦を巻きながら新たな方向へと向かって流れていく。その現れの一つとしてコロナ禍という未曽有の災害が起き、それによって引き起こされた経済の混乱が収まらないうちに、今度はロシアによるウクライナへの軍事侵攻が始まったのです。この戦争が長引けば中国や北朝鮮以外にもロシア側に付く国が少なからず現れ、そうなれば新たな東西冷戦のようになって、世界は民主主義国家と権威主義国家とに分断されてしまうでしょう。

「気学」だけでなく、天体（惑星）を観察して過去・現在・未来を読み解いていく西洋占星術でも、2020年12月より「風の時代」に入り、パラダイムシフトが起きたといっています。

人類初めてのシンギュラー・ポイントは、恐らく旧約聖書に書かれているアダムとイブが知恵の実を食べた時ではないでしょうか。人類が知恵の実を食べたことで、楽園には戻れなくなりました。

もちろん、産業革命もシンギュラー・ポイントです。われわれは石炭を燃料とする蒸気機関を手に入れたため、もはや人力と馬車の世界には戻れなくなりました。

その後、石油が登場して、エネルギーの在り方もどんどん進化してきました。これらの事柄もすべてシンギュラー・ポイントです。

人類は歴史上、何度もシンギュラー・ポイントを繰り返し、私たちは21世紀のこの時代に、新たなシンギュラリティーを経験しているのです。コロナ禍は一つのきっかけに過ぎません。これを機に、人工知能のＡＩやＶＲなどの拡張現実も、今までのネット環境の進化とは比べものにならないぐらい加速度的に進化することでしょう。

この環境の変化に伴って、当然、ビジネスに関わる人はビジネスモデルの変更を考える必要があります。もちろん業界や職種によって、マイナーチェンジで済む場合もあれば、フルモデルチェンジをしなければ対応できない場合もあるでしょう。

いずれにしても、誰も経験したことがない次元に世界全体がシフトした以上、それに対する処方箋は誰も持っていません。だからこそ、それをいち早く探り当てた者に膨大な先行者利益があるのは間違いないのです。

複雑に利害が交錯した現代社会を読み解くのは並大抵のことではありません。しかし、「気学」や「易学」を使い、物事の裏に流れる気を読み解くことは可能です。

経営者に受け継がれる先人の思想を学ぶ

二宮金次郎の名前で親しまれる二宮尊徳は、「苦学」のイメージがありますが、実は財政再建のプロとして手腕を発揮していた功績はあまり知られていません。

二宮尊徳の時代には飢饉が流行し、藩や村の財政が不安定でしたが、その中で彼は600もの農村、地方行政の立て直しを行いました。

この時、二宮尊徳は私利私欲に走るのではなく、社会に貢献すればいずれ自分に還元されるという「報徳思想」を唱え、経世済民（世の中を治めて人々を救うこと）を目指しました。

経済と道徳の融和を象徴する二宮尊徳の思想に、有名な「たらいの水の法則」があります。水を張ったたらいで自分のほうに水を引き寄せようとすると、かえって水は向こう側に行ってしまう。逆に相手にあげようとして水を向こう側に押せば、水は自分のほうに戻ってくる。お金も幸せもこれと同じようなものだという教えです。

二宮尊徳といえば、昔は小学校に必ずといっていいほど、薪を背負い、勉強をしている銅像がありました。その銅像の二宮尊徳が手にしている本は何か、ご存じですか？

実は、それは四書五経の一つである『大学』です。彼は『大学』を愛読し、それを単なる人間学として捉えただけではなく、この思想を財政再建にまで応用したのです。結局のところ、いくら経営的な手法を突き詰めて再建を試みたところで、最後にそれを行うのは人間なのです。繰り返しになりますが、その人の器以上のものは入らないということです。

そして澁澤栄一も、二宮尊徳の財政再建をモデルにして、生涯にわたり500以上の会社を設立し、日本の近代産業の礎を作りました。澁澤栄一に受け継がれた報徳思想は、日本の産業界にどんどん広がっていき、トヨタの基礎を作った豊田佐吉氏、パナソニック創始者の松下幸之助氏、京セラの創業者の稲盛和夫氏など、名だたる経営者が信奉者に名を連ね、経営の中にその思想を生かしていきました。

澁澤栄一が「右手にそろばん、左手に『論語』」を唱え、経済と道徳の融和を図りながら近代日本の産業基盤を作っていった話は有名ですが、『大学』『論語』だけでなく、二宮尊徳も澁澤栄一も『易経』を学び、易の使い手としても知られていました。

このように、近代日本の父ともいえる二人が、四書五経の思想をベースにして、江戸時代の自給自足の生活から、日本という国を飛躍的に発展させて欧米列強に並ぶ近代国家に押し上げたのは注目に値することです。

現代は、世界市場で圧倒的な存在感を見せる巨大ＩＴ企業のＧＡＦＡＭ（Google、Apple、Facebook［現Meta Platforms］、Amazon、Microsoft）がもてはやされていますが、時代の寵児といわれる会社は、一時の繁栄はあっても、時の試練を経て長く続くことはないでしょう。時流に乗って小手先でうまく稼いだ者が勝つのは一時的なことにすぎず、思想や価値観というバックボーンを大切にしている会社こそ長続きします。

会社が長く続くということは、時の試練に耐えたということです。

季節が巡るように、経営環境には夏の盛んな季節もあれば、寒く厳しい冬もあります。多くの経営者は春、夏と繁栄を謳歌し、秋の収穫を楽しんだ後に必ずと言ってもいいほど、冬を飛ばしてまた春の到来を期待するものです。

しかし現実には、季節の移り変わりのように、いつかは必ず厳しい冬が到来します。時流を追いかける者は、時流によって滅びる。イソップ寓話のアリとキリギリスの話ではないですが、一つの時代を謳歌し、それがいつまでも続くと錯覚をすれば、時の変化と共に崩れ去るものなのです。

恐竜やネアンデルタール人がいかに繁栄しようとも結局は絶滅したように、GAFAMも、今後、状況の変化に対応していかなければ、簡単に絶滅することでしょう。

日本では、現存する世界最古の企業である金剛組（聖徳太子の命により578年に創業）を始め、室町時代や江戸時代から100年、200年と続いている会社が、数多くあります。これは世界的に見ても、とても珍しいことです。

では、なぜ日本には長続きする会社が多いのか？

それは、四書五経のように、『論語』『大学』『易経』といった、帝王学につながる書物をベースにした思想が経営者に受け継がれているからなのです。

「運気」をつかむ会社こそが長続きする

会社に神棚を設け、神社にお参りする経営者がいます。

神社に行くのは「自分の力を超えた大きな存在から何かを教えてもらいたい」「発展に向けて導いてもらいたい」と思う気持ちがあるからです。

しかし毎回、ご利益があるとは限らない。祈りが届くときもあれば、届かないときもある。祈りに頼っていても、出たとこ勝負で博打みたいなものです。今までは、たまたま運がよくて当たっていた経営者もいるでしょうが、この先もそうなるとは限りません。

そもそも「祈り」は他力本願。祈ることで、自分にやって来るか来ないか分からないご利益を待つよりは、「自分の力を超えた大きな存在」の法則性を自分で学んだほうがよいに決まっています。それがすなわち、「気学」「易学」を学ぶ理由です。

2020年にシンギュラー・ポイントが起きることを、何年も前から「気学」は教えてくれていました。

私たちは、シンギュラー・ポイントのような流れや状況を変えることはできません。しかし、「気学」「易学」を学ぶことで状況を素早く察知し対処することができます。失敗する経営者は、状況が変化してからようやく気づき、それでも自分を変えようとしません。

繰り返しになりますが、当然、兆しの段階で捉えている経営者のほうが圧倒的に打つ手は早くなり、リカバリーも効きます。よく、「景気がいい」「景気が悪い」と言いますが、景気の実態はGDPや消費者物価指数などで定義されているわけではなく、極端な話、肌感覚でしかありません。景気の変化をいち早く嗅ぎ取り、自分の業種にどう影響するかを考え、ビジネスに役立てることのできる経営者の会社が生き残れるのです。

会社が存続するか否かは、経営者個人の小さな力では限界があります。優秀な経営者は、自分の力ではなく、自分の周りにあるマーケットの流れを観察してくみ取り、それに乗っていきます。

周囲の人から見れば「運がいい」と思えるかもしれませんが、「運がいい」のではなく、自らの嗅覚で、運をつかみ取りに行っているだけなのです。そして、その嗅覚を研ぎ澄まさせ、気づきのヒントを与えてくれるのが、「気学」や「易学」なのです。

「気学」「易学」を学び、経営者必須の永遠の真理を持つ

世の中は常に変化しています。まさに世界は今、シンギュラー・ポイントを超え、さらに加速して大きく変わろうとしています。その中で、**経営者として最も必要な資質は、**

「絶対に変わらない永遠の真理」を持ち、さらに時代やマーケットに「対応できる力」を持てるかどうかです。

流行り廃りのモノは時代が変われば使えなくなります。しかし、時代がこれだけ変わっても、根本的な法則・本質を捉えているものは、永遠に生き続けることができます。

『論語』を残した孔子が生まれたのは2500年前、仏教は、釈迦が誕生して2500年、キリストは2000年。『論語』や『聖書』、仏教の精神には、時代を超えた普遍的な法則があるので、世界三大聖人の教えは今でも世の中の人に受け入れられているのです。

時代が大きく動いていくからこそ、自分の中に動かないもの、普遍的な価値に基づいた思考を持つこと。その上で、世の中の変化に、自分を合わせていくことが大事なのです。

現代は変革の時代だからこそ、目まぐるしく打つ手を変える必要性が生じます。しかし根無し草のように、自分の基準がなければ、変化に振り回されてしまうことは目に見えています。超一流といわれている経営者は、誰しも自分なりに確信を持ち、独自の経営哲学を持っています。つまり、動かない基準を持ちながら、動くものに柔軟に対応しているというわけです。

「気学」「易学」を学ぶことは、その自分の基準を持つ方法の一つであると考えます。つまり、「気学」「易学」を通じて、経営者のあるべき姿が見えてくるのです。

第2章

「気学」「易学」とは何か？

ビジネスの成功は「内気（自社リソース）」と「外気（マーケット）」の接点にある

「気学」「易学」は宇宙の物理法則を解明する学問

日本語では、「気」という言葉を意識せずに身の回りのさまざま事象に使っています。しかし「気とは何か？」と聞かれると、皆さん、なかなか答えることができません。

「気」とは「生命エネルギー」のことで、私たちは宇宙（太陽）からもらうエネルギーによって生かされています。

「元気ですか？」「元気です」と、私たちは日常的に「元気」という言葉をよく使っています。この「元気」の「元」は、易の言葉で「大いに」と読み、宇宙のエネルギーと太いパイプでつながっているという意味です。そして、このパイプが細くなると「病気」になるのです。

ちなみに、私たち日本人は「気学」の「気」というものを非常に大切にしてる民族の一つではないかと思います。なぜならばその証拠に、日本語の中に「気」という言葉がたくさんあるからです。

「天気」「元気」「景気」「陽気」「陰気」「嫌気」「浮気」「寒気」「眠気」「人気」「気心」「気鋭」「才気」「雰囲気」「快気」「気質」「飾り気」「勝ち気」「意気地」「気合い」——な

ど、数え上げれば切りがありません。

東洋医学では、健康状態を診る時に、「気が流れる」「気が滞る」という言い方をします。気の流れがいいというのは、宇宙からどんどん新しい気をもらい、要らない気を捨てること。こうなると、代謝がよくなり元気になります。

呼吸も新鮮な空気を吸い、要らなくなったものを吐き出す。体も、新鮮な食べ物や水を取り入れて、要らなくなったものを排泄するという代謝をしています。

このサイクルが活発になるほど元気になり、このサイクルが鈍ってくると気が滞り、だんだん病気になります。

では、宇宙からもらうエネルギーとは何でしょうか?

物理学、天体学、数学など、それらの学問の本質は真理を追求していくことです。そして、ノーベル賞を受賞するような究極的な定理を見つけた時に、ある人は「そこに人智を超えた、何か巨大なものの存在を見た」と言いますし、またある人は「そこに神の存在を見た」とも言います。私は、それが宇宙の根源的なエネルギーであると考えます。

これは研究者に限りません。武術の達人、芸術家、哲学者なども同様のことをよく語ります。ここには、物事の真理とは何か、究極を追求してたどりついた人にだけ見える世界があるのだと思います。

あらゆる分野で天才といわれたレオナルド・ダ・ヴィンチは、数学者、芸術家、音楽家、建築家、植物学者、解剖学者、天文学者と、いくつもの肩書きを持ち、さまざまな角度から森羅万象を司る宇宙の真理、宇宙の法則を知ろうとしていました。

決して何か形のあるものではないが、「宇宙のエネルギー」「宇宙の意志」は確実に存在する。そして西洋的には、それは「唯一絶対の神、ゴッド」であるという概念を生み出しました。

古代中国では、この人智を超えた計り知れないものを「気＝生命エネルギー」であると定義したのです。

ここが西洋と東洋との大きな違いです。なぜなら、「気」をスピリチュアルに捉えると「祈り」と「帰依」が出てくるからです。西洋のように宗教的な捉え方や信仰的な捉え方をすれば、いわゆる「神」の世界となり、祈るしかありません。

「祈り」は他力本願であり、依存を呼びます。経営者が依存をし始めたら会社はつぶれます。「景気が悪いせい」「物が売れないせい」「銀行がお金を貸してくれないせい」など、すべて他人のせいです。

しかし**「生命エネルギー」であると考えれば、そこにあるのは「祈り」ではなく「活用」です**。エネルギーであれば、そこには物理法則があります。エネルギーの実態が分かれば活用の方法も分かります。

昔の人は雷が落ちると「神の怒りだ」と考え、神様の怒りが収まるよう祈りました。

しかしベンジャミン・フランクリンが科学実験により、雷の正体が電気であることを解明したのです。その後、電気の研究が進み、自分たちの技術で発電することによって、私たちの生活はとても便利になりました。

このように、「雷＝神の怒り」だと思っているうちは、祈りと恐れしかありませんが、エネルギーと捉えれば、エネルギーを解明し、活用方法を考えるようになります。

では、どうすれば「気」を活用することができるのでしょうか。

「気学」「易学」は、天文学や物理学のように一つの学問として、宇宙のエネルギーや真理、メカニズムを、気学的なアプローチや易学的なアプローチで解明しようとすることによってそれを実践しています。

運気を見る時は「内気」と「外気」で鑑定する

運気の源である「気」は、「外気《がいき》」と「内気《ないき》」の2つに分かれています。

まず「外気」は、生活環境や天気、景気など、外的環境の状況を表しており、「天の気」

「地の気」「人の気」の3つの間の関係性で見ていきます。これによって私たちをとりまく世の中の景気の状態や世相、自然災害の多寡など、その年ごとの特徴が読み取れます。

「内気」は、自分が持っている生命エネルギーのことで、生まれた時に宇宙の星の運行状態がどうであったか、世の中にどんな気が流れていたかで、それぞれの人の特性が決まります。人は、人生がスタートした瞬間の「外気」の影響を受けており、これが「生まれ星」になります。

これは主に中国から伝わり陰陽五行に基づいた思想「九星」を使い、自分が生まれた年が一白水星、二黒土星、三碧木星、四緑木星、五黄土星、六白金星、七赤金星、八白土星、九紫火星のどれにあたるかを見ますが、その人の九星を「本命星」といいます。いわゆる九星で見る運勢や性格のことですが、占いなどでは「内気」に当たる自分の生まれ星のみを使って鑑定します。

しかし、私が提唱する「経営運勢学」では、「内気」だけでなく、「外気」にも注目します。「経営運勢学」の真髄は、この内気と外気の関係性を見て、開運するにはどうすればよいかという答えを導き出すことです。

一般的な運勢鑑定でいわれることは、全て「内気」の話です。自分個人の気の動きだけを見て、「私の運勢はどうなるか」ということを鑑定します。しかし、「内気」だけを見ていても、経営の世界では不十分でうまくいくはずはありません。

人は、この世に生まれた時、「オギャー」と空気（生命エネルギー）を吸いますが、これは「外気」を初めて自分の中に取り入れる行為となります。その後ミルクを飲んだり、排せつをしたりと、**私たちは常に「外気」との交換で、その生命を維持しています**。つまり「内気」と「外気」とのコラボレーションを体内で行うことで、人知を超えた巨大な生命に生かされているのです。

成長して学校に通うようになれば、さまざまなことを学びます。そこで、優秀な子とそうでない子に分かれます。評価の高い子は、自分に何を求められているかを分かっていて、確実にそれに応えられます。その後、社会に出て頭角を現す人は、上司やお客さんのニーズを捉えて、それにきちんと応えられる人になります。

言い換えれば、周囲のニーズを「外気」といい、それにどう応えるかを「内気」と考えることもできます。**人生やビジネスの成功は、「内気」と「外気」の接点にある**ということは、言われてみれば当たり前のことなのですが、鑑定の世界においては完全に見落とされています。

図3　開運は「内気」と「外気」の組み合わせ

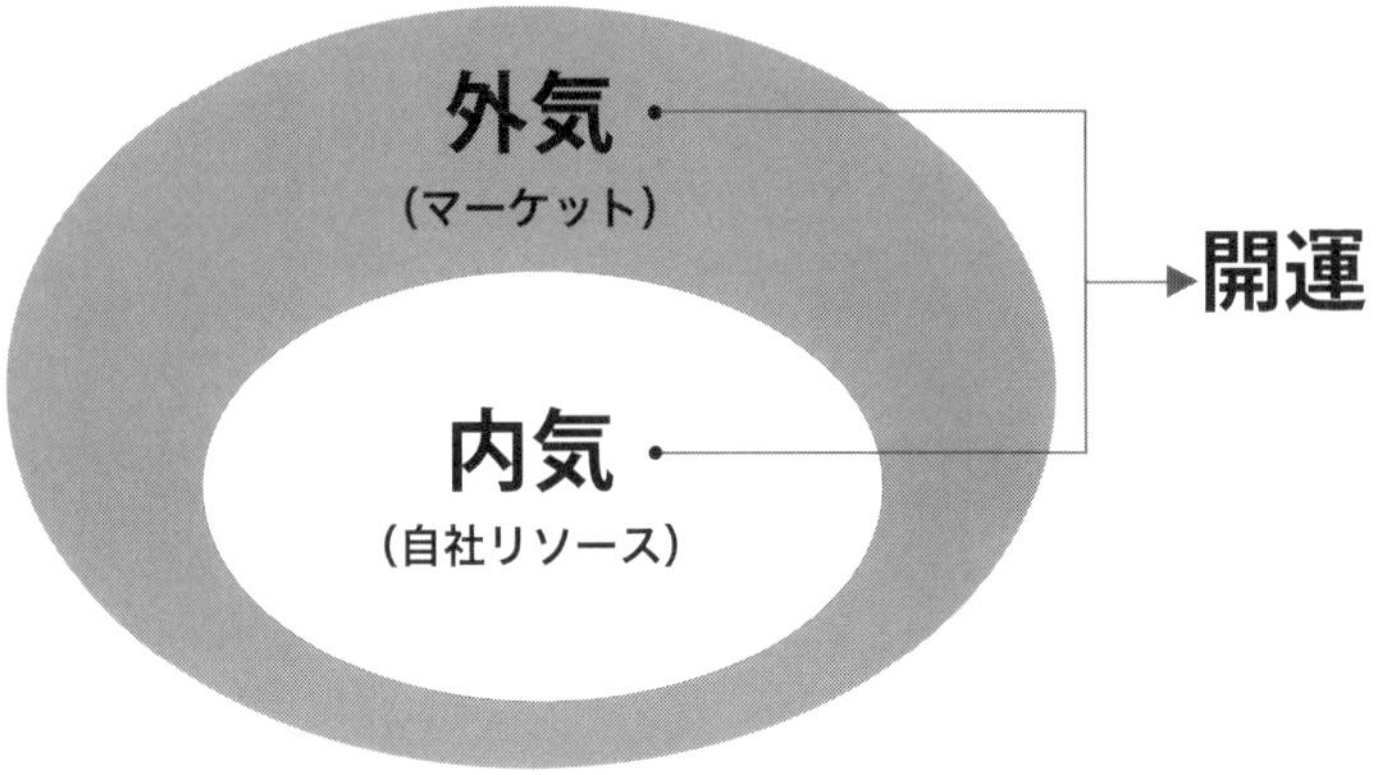

「内気」と「外気」をビジネスに例えるならば、「内気」は自社のリソースで、「外気」はマーケットです（図3）。

自分の会社が何を売っているかより、マーケットを見て何が売れるか。経営者はこれに対して、自社のリソースで何が供給できるのかということを考えなくてはいけません。ビジネスの世界では当たり前なのですが、一般的な鑑定はマーケットを無視して、自社のリソースしか鑑定していないということです。

「外気」からの影響を例えるならば、出かける前に天気予報を見て、寒いと思えば1枚着込み、暑いと思えば涼しい格好をして外出します。寒がり、暑がりというのは微調整にすぎず、冬は冬の格好をし、その中でさらに1枚羽織ったり、1枚脱いだりしているのと同じです。

世の中のトレンドや自分の置かれた環境の全体像、

つまり「外気」を把握し、「内気」である自分の個性をそれにどう合わせていくかを考えることが大切です。

社会で成功するには人に評価される必要があります。「自分の周りがこの先どうなるか」、また「周囲は自分に何を求めているのか」という「外気」のトレンドやニーズを知り、自分の「内気」でどう対処できるかを考えるのが本当の「気学」や「易学」なのです。

「今年の運勢は悪いから、何をやっても無理かもしれない」と落ち込む経営者がいます。でも本当は運勢が悪いのではなく弱いだけなのです。仮に「内気」のバイオリズムが落ちていたとしても、「外気」に積極的に乗っていけば、運勢は良くなります。「外気」に合わないことをするから運勢が悪くなるのです。

開運とは、「外気」と「内気」の組み合わせですから、極端な話、自社のコンディションが良くなくても、市場のトレンドに乗っていれば、商品がバカ売れして結果を出すこともあります。

ですから、自分自身の運勢が強い・弱いというのは、そこまで問題視しなくてもいいでしょう。実際に私がコンサルティングした会社の経営者の中でも、ご自身のバイオリズムが落ちているときや、いわゆる厄年といわれているときに会社を大きく発展させる方がいるのも事実です。

「外気」をうまく捉えてそこにどのように乗っていくかということが、ビジネスや人生の成功では非常に大切な要素になります。そのときに必要になるのが「気学」「易学」なのです。

全てのものは陰陽と五行で構成されている

「気学」や「易学」の基礎となっているのが「陰陽《いんよう》五行説《ごぎょうせつ》」で、これは古代中国の世界観の一つになります。太古からあった陰陽思想と五行思想との組み合わせによって、春秋戦国時代ごろには、より複雑な事象の説明がなされるようになったのです。

陰陽思想は、自然界の全てのものを「陰」と「陽」という相反する2つの要素でとらえる考え方です。「陰」と「陽」を示したシンボルマークが「陰陽太極図」で、韓国の国旗などにも取り入れられているので、見たことがある人も多いと思います。

五行思想は、万物は木・火・土・金・水の5つの元素から成り立つとする考え方からスタートしています。ちなみに、この「五行説」を身体に応用したのが、「五臓」の考え方です。

「陰陽五行説」の起源は古く、司馬遷の『史記』には、今から約4500年前（紀元前2500年）頃、時の為政者であった黄帝が、陰陽と五行をもって星の運行を定めることを考えたと記されています。

この「陰陽」というのは太陽と月のことでもあります。また「五行」という言葉は、「五星の運行」という意味も含み、具体的には、木星、火星、土星、金星、水星を意味しています。これが古代中国の暦の始まりであり、最初の太陰太陽暦なのです。つまり、暦とは天文学における陰陽五行そのものを表していたわけです。

陰陽の太陽と月、五行の木星、火星、土星、金星、水星。これが世界中で使われている日曜日から土曜日までの七曜の起源でもあります。

この暦は、人類にとっての大発明でした。そもそも天文学が発達したのは、食料を生産するためです。

人類の文明上、初期の大きなターニングポイントは3つあります。

1つ目は、言葉を獲得したことで高度な意思疎通が図れるようになったこと。2つ目は、文字を発明したことです。それまでは一個人の体験で終わっていたものが、記録が残せるようになり、世代間を超えた体験の伝承が可能になり、情報の蓄積が飛躍的に向上しました。そして3つ目は、暦を発明したことによって食料の生産が可能になったことです。これは人類にとってのシンギュラー・ポイントの一つだともいえるでしょう。これにより、寒いときも、たまたま寒いだけなのか、冬だから寒いのかが分かるようになり、種蒔きなどの農作業のタイミングを計ることができ、作物を育てる技術に革命をもたらしました。食うや食わずの狩猟採取の生活から、食料を計画生産する農耕牧畜の生活に移行したことで、古代の四大文明が誕生しました。国家の誕生によって人々は得意なことをそれぞれ分業するようになり、生産性が飛躍的に向上したのです。これによって人類は文明と呼べるものを獲得しました。

天体観測から生まれた「十干」「十二支」「九星」

「陰陽五行説」は、星々の動きを観察することによって暦を生み出したのですが、そこからさらに発展して「十干《じっかん》」「十二支《じゅうにし》」「九星《きゅうせい》」という概念が誕生します。

生命エネルギーである「気」は、「外気」では大きく「天の気」「地の気」「人の気」の3つに分けられています。そして、それぞれが発している気の種類を細かく表わしたものが「十干」「十二支」「九星」で、これがその年の世の中の傾向を見たり、方位の吉凶などを鑑定するときのベースになっています。

つまり、

- **「天の気」** ……「十干」
- **「地の気」** ……「十二支」
- **「人の気」** ……「九星」

で見ていくということです。

「天の気」は、太陽や月などの宇宙が発している気で、「甲・乙・丙・丁・戊・己・庚・辛・壬・癸」の10種類に分けられます。これが「十干」です。

「地の気」は、私たちが暮らしている大地が発している気のことで、「子・丑・寅・卯・辰・巳・午・未・申・酉・戌・亥」の12種類に分けられます。これが「十二支」です。

「人の気」は、天地の間にいる生物が発している気であり、「一白水星、二黒土星、三碧木星、四緑木星、五黄土星、六白金星、七赤金星、八白土星、九紫火星」の9種類に分けられます。これが「九星」です。

「十干」「十二支」「九星」のそれぞれに陰陽と五行があって、それが発する気の作用は、時々刻々と移り変わっています。この「十干」「十二支」「九星」は、毎年・毎月・毎日、決まった順番で変化していき、その時その時の固有の気を持っています。

そして「十干」と「十二支」は主に「外気」の鑑定に使用し、「九星」については「外気」と「内気」の鑑定に使用します。特に、政治や経済などの世の中の動きには「十干」と「十二支」の影響が大きいので、これを見ます。

「外気」の影響を見るには、特にその年が「十干」「十二支」「九星」をすべて組み合わせてどんな年になるのかを見ていきます（表1）。

例えば、2024年は、「十干」が「甲」、「十二支」が「辰」、「九星」が「三碧木星」の年となります。

ここでは、それぞれの「外気」の「十干」「十二支」「九星」がどういう意味を持つかについての解説は割愛しますが、各年には、それぞれに特徴的な気があり、その年の傾向が出るということなのです。

そもそも「十干」は、天体観測から生まれたものです。太陽の運行を1日、2日、3日、4日……と指折り数え、指が10本なので「十干」となり、10日で一巡することを旬と呼び、初旬、中旬、下旬の30日で1カ月という概念がスタートしました。

その後、月を数えるのに「十二支」を使い、さらに「十干」と「十二支」の組み合わせ

表1　十干・十二支・九星の早見表

西暦	和暦	干	支	九星	西暦	和暦	干	支	九星
1964	昭和39	甲	辰	九紫火星	1996	平成8	丙	子	四緑木星
1965	昭和40	乙	巳	八白土星	1997	平成9	丁	丑	三碧木星
1966	昭和41	丙	午	七赤金星	1998	平成10	戊	寅	二黒土星
1967	昭和42	丁	未	六白金星	1999	平成11	己	卯	一白水星
1968	昭和43	戊	申	五黄土星	2000	平成12	庚	辰	九紫火星
1969	昭和44	己	酉	四緑木星	2001	平成13	辛	巳	八白土星
1970	昭和45	庚	戌	三碧木星	2002	平成14	壬	午	七赤金星
1971	昭和46	辛	亥	二黒土星	2003	平成15	癸	未	六白金星
1972	昭和47	壬	子	一白水星	2004	平成16	甲	申	五黄土星
1973	昭和48	癸	丑	九紫火星	2005	平成17	乙	酉	四緑木星
1974	昭和49	甲	寅	八白土星	2006	平成18	丙	戌	三碧木星
1975	昭和50	乙	卯	七赤金星	2007	平成19	丁	亥	二黒土星
1976	昭和51	丙	辰	六白金星	2008	平成20	戊	子	一白水星
1977	昭和52	丁	巳	五黄土星	2009	平成21	己	丑	九紫火星
1978	昭和53	戊	午	四緑木星	2010	平成22	庚	寅	八白土星
1979	昭和54	己	未	三碧木星	2011	平成23	辛	卯	七赤金星
1980	昭和55	庚	申	二黒土星	2012	平成24	壬	辰	六白金星
1981	昭和56	辛	酉	一白水星	2013	平成25	癸	巳	五黄土星
1982	昭和57	壬	戌	九紫火星	2014	平成26	甲	午	四緑木星
1983	昭和58	癸	亥	八白土星	2015	平成27	乙	未	三碧木星
1984	昭和59	甲	子	七赤金星	2016	平成28	丙	申	二黒土星
1985	昭和60	乙	丑	六白金星	2017	平成29	丁	酉	一白水星
1986	昭和61	丙	寅	五黄土星	2018	平成30	戊	戌	九紫火星
1987	昭和62	丁	卯	四緑木星	2019	令和元	己	亥	八白土星
1988	昭和63	戊	辰	三碧木星	2020	令和2	庚	子	七赤金星
1989	平成元	己	巳	二黒土星	2021	令和3	辛	丑	六白金星
1990	平成2	庚	午	一白水星	2022	令和4	壬	寅	五黄土星
1991	平成3	辛	未	九紫火星	2023	令和5	癸	卯	四緑木星
1992	平成4	壬	申	八白土星	2024	令和6	甲	辰	三碧木星
1993	平成5	癸	酉	七赤金星	2025	令和7	乙	巳	二黒土星
1994	平成6	甲	戌	六白金星	2026	令和8	丙	午	一白水星
1995	平成7	乙	亥	五黄土星	2027	令和9	丁	未	九紫火星

で60というサイクルが生まれ、それが年を表わすようになりました。
これが、戊辰戦争の「戊辰」や、八百屋お七の生まれで知られる「丙午」などといった、いわゆる干支《かんし》です。ちなみに阪神甲子園球場は、「甲子」の年にできたので「甲子園」となりました。また60歳を還暦といいますが、これは、生まれた年の「十干」と「十二支」に戻るという意味です。

古代の中国や日本では、時の皇帝に合わせて元号が使用されると同時に、西暦が導入されるまでは、「十干」「十二支」を組み合わせた60年周期の干支も、その年の暦として並行して使用していました。当時は今よりも寿命が短かったために60年もあれば十分だったのでしょう。

現代の日本でも、令和という元号と並行して西暦を使用していますが、当時はいろいろな理由で、元号が変わる改元が今よりも頻繁にあったため、干支を使ったほうが便利な場合があったのです。

この改元の理由にはいくつかのパターンがあり、代表的なパターンである、天皇陛下が代替わりをされる時の「代始改元」と呼ばれる改元は、平成から令和に代わるときに私たちも経験したものです。

注目すべきは「革年改元」と呼ばれる改元のパターンで、これは、革令（甲子の年）、革運（戊辰の年）、革命（辛酉の年）の年に行われる改元です。これらの年は昔から大きな出来事が起こりやすい年といわれており、あらかじめ改元しておいて、悪いことから逃れようという理由で行われていました。このように、時の支配者は、「十干」「十二支」などの外気からの影響を、暦を使って予測していたのです。

地相を鑑定する基本になる「四神思想」

「気学」では、土地が持つエネルギーも人に大きく影響を与えると考えます。つまり、自宅の立地や会社の立地などがこれにあたります。

そして、その土地の吉凶を見る際のベースとなるのが「四神思想《ししんしそう》」です。

これは、東西南北に4つの神様（東は青龍、西は白虎、南は朱雀（火の鳥）、北は玄武（架空の動物））がいるという古代中国の「四神思想」に基づいています。そして「四神思想」に合致した土地を四神相応の土地と言い、未来永劫の繁栄が約束されています。

「四神思想」は、古くは高松塚古墳の壁画や、キトラ古墳の壁画にも描かれていることから、7〜8世紀にはすでに日本に入ってきていたと考えられます。当時の支配者が、自分のお墓の壁画に四神を描かせたのは、あの世にいっても繁栄する土地を統治したいとの考えからなのでしょう。

具体的には次のとおりです。

- **東（青龍）**……青龍は、若い龍。川を青龍に見立てている。流水（河川）があること。また、鉄道が通っていてもよい。
- **南（朱雀）**……朱雀は、火の鳥で不死鳥。水面に映る太陽を朱雀に見立てている。湖や池があること。また、なだらかに低く開けた低地でもよい。
- **西（白虎）**……白虎は、一晩で千里の道を往復するといわれている。街道筋に見立てている。交通量の多い道路があること。貨物列車が通る路線でもよい。
- **北（玄武）**……玄武は、亀と蛇を合わせた想像上の生き物。幽玄＝薄暗いという意味で、鬱蒼とした林や山に見立てている。丘陵や山があること。また、高層ビルや神社仏閣でもよい。

「四神思想」は、川や池、街道筋や山がなければ、凶という訳ではありません。東西南北それぞれの場所に、それぞれのものがあればプラス要件＝吉相があるということです。

図4　「四神思想」と土地の高低による吉凶

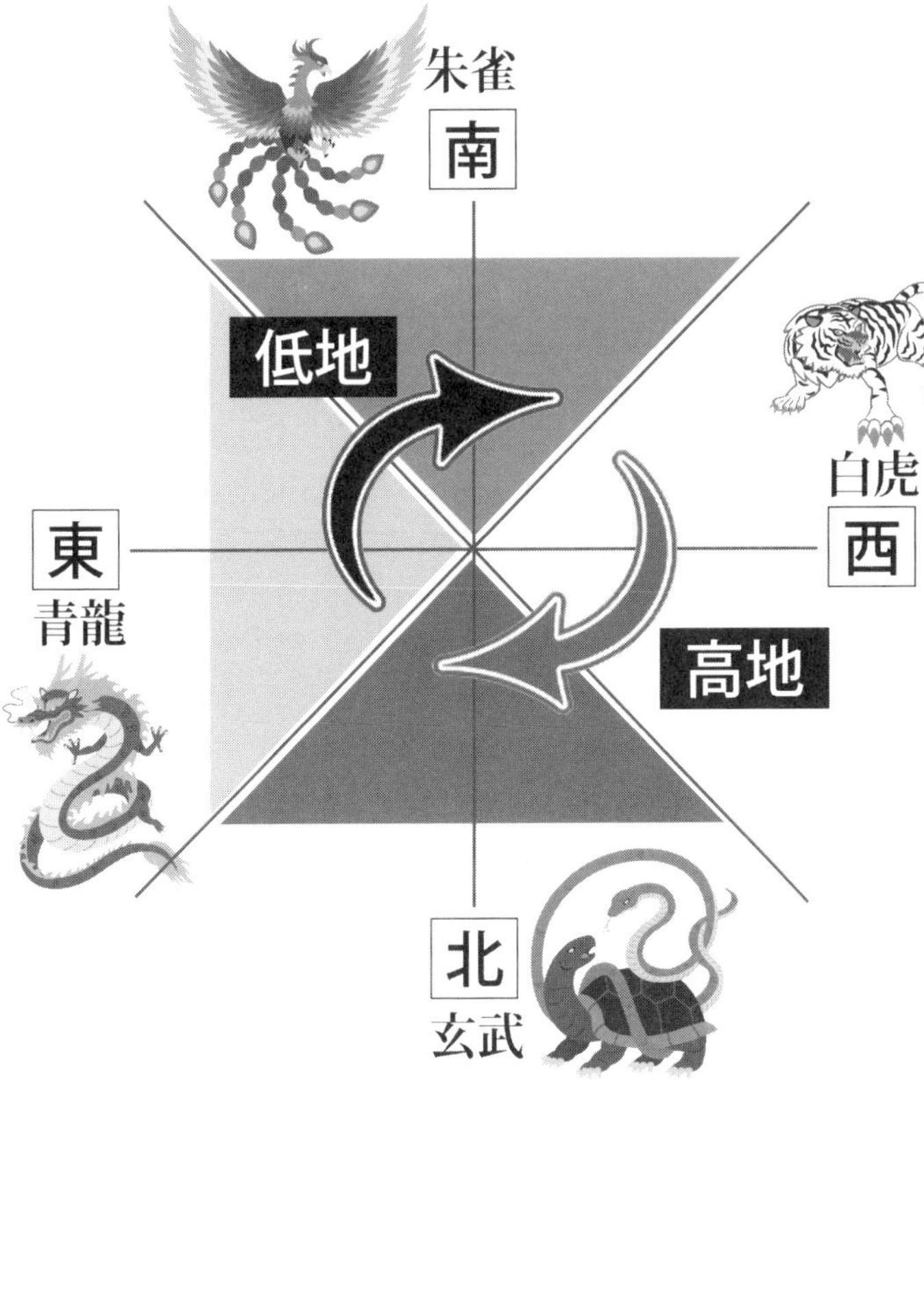

一方、「四神思想」に付随して土地の高低から来る吉凶があります（図4）。これは次のように考えられています。

東（青龍）……低地（吉）、高地（凶）
南（朱雀）……低地（吉）、高地（凶）
西（白虎）……低地（凶）、高地（吉）
北（玄武）……低地（凶）、高地（吉）

このように、土地の高低については吉凶がありますので、気をつける必要あります。

この考え方は古代中国で生まれた思想ですが、日本の気候風土ともマッチしています。つまり、**東から流れる水を南の海・湖・池で確保し、米が収穫でき、北の山々で強風を防ぐ土地であれば理想的であり、そういう土地は人々が生活しやすい。さらに、西に大きな道があれば交易も盛んになり、その土地は発展する**ということです。これはある意味、理にかなっています。

実は、世界の名だたる巨大都市、歴史がある大きな都市は、ほとんど全てが「四神思想」に合致しています。おそらく古代の支配者は、「四神思想」に合う土地を選んで都を開いたのでしょう。四神相応の土地は数千年にわたり繁栄しますし、山の上にあるモヘンジョダロのように「四神思想」に合わない場合、１００年、２００年は時の為政者の政治力で何とかなっても、必ず衰退します。

「四神思想」は古代中国で生まれた思想ですが、日本でも時の支配者が取り入れて、都を造っています。奈良の都、京の都、大阪の町、そして特に江戸の町は、現在は皇居になっている江戸城跡を中心にして、見事なまでに四神思想に基づいて作られています。

当時の江戸は世界で最も人口密度が高く、一番発展していましたし、東京は戦争で焼け野原になりましたが、奇跡の復活を遂げました。なぜなら、未来永劫の繁栄が約束されている土地だからです。

また、大きな視点で見れば、土地の高低が四神に合う太平洋側は、仙台、東京、横浜、大阪、名古屋で明らかなように、発展しやすく、土地の高低が全く反対になる逆地相である日本海側は発展しづらいともいえます。

ちなみに戦国武将の上杉謙信がなぜ北陸を支配できたかというと、居城である春日山だけは、規模は小さいですが四神相応の土地だったからです。しかし、京都、大阪、江戸のような大きな規模ではなかったために、天下を狙うことはできませんでした。

都市計画ではない場合、そこまで巨大な「四神思想」でなくてもかまいません。大きな町ではなく、小さなスケールで見ても繁栄しやすい場所があります。

自分がどこに住むか、どこに会社を構えるか、どこにお店を出すのかという時も、家の周りに「四神思想」に合致するような土地であれば繁栄していきますし、逆にマイナスの作用があるところに住んでいれば衰退します。

東京は比較的坂が多く、小さなスケールで「四神思想」の影響が出やすい土地です。活動する人たちがヒルズ族ともてはやされた六本木ヒルズは谷間のようになっており、実は衰退しやすい土地です。逆に東京大学、お茶の水の東京医科歯科大学や順天堂大学のように、歴史がある大学が多い文京区の辺りは高低差も含めて「四神思想」に合い、特に青龍と朱雀の影響でまさしく学問が発展しました。

銀座の辺りも「四神思想」にはまっているので、土地の値段が高いのは当たり前です。神戸の高級住宅街である芦屋も、まさに「四神思想」に合致しています。


また、谷を挟んで右側と左側では勾配が逆ですので、南側が谷であれば発展しますし、北側が谷であれば衰退します。

同じ駅でも、駅が高架になっていたり、駅ビルがあれば、一つの遮蔽物として山のように高くなっているので、東口と西口では発展の度合いが全然違ってきます。

見晴らしのよい小高い崖に家が建っている場合も、崖の落ちている方向が東なのか西なのかが運命の分かれ道になります。東が落ちていれば、朝日が見えるので発展的ですが、その逆に西が落ちていれば衰退します。夕日の見えるレストランや旅館など、観光地としては悪くないのですが、時間の経過と共に徐々に衰退していくのは、気の流れがそうなっているためなのです。

序章でもお伝えしましたが、松下幸之助氏の別荘である光雲荘は、ニテコ池の下段の池のほとりに建てられました。しかし、この池を挟んで、こちら側とあちら側では、住んだ人の運命が天国と地獄ぐらい違っていきました。

ロケーション的にもほとんど変わらず、土地の値段も一緒ですが、光雲荘と反対側の住宅は、ほとんどが競売物件になるといわれています。光雲荘側の一帯の土地は、表札がすべて「松下」ですから、気学的によい場所を一族で購入したと考えられます。

このように、その土地の高低や、どこに川があるかとか、どこに大きな道路が通っているかなどで、発展する地域、衰退する地域があります。家や土地を購入する際や、社屋を建てる場合は、「四神思想」に合う土地を選ぶことが重要なのです。

家相の原則はインテリアではなく、家の形

私たちの運勢は、地相からだけでなく、家相からも多大に影響を受けます。

家相とは、世間一般にいわれている風水などで、どこに鏡や観葉植物を置くといったインテリアのことではありません。それらは全て枝葉末節の話です。そもそも風水とは、どこに風の通り道があって、どこに水が流れているかという、山や谷などの地形を見る手法であり、「四神思想」の話になります。それがいつのまにかインテリアの話に変化したのです。

本来、人間に大きな影響を与えるのは、どのような土地に住むかということです。次に影響を与えるのは、どのような形状の家に住むかということです。置物などは、それに比べればごくわずかな影響しか及ぼしません。私たちの運勢は、マクロ的なものから大きな影響を受けて、ミクロ的なものからは小さな影響しか受けないという原則論に則っています。ですから、家相で一番大事なのは建物の形です。その中でも特に重要な影響を与えるのは、地面と接している1階部分の形状や間取りです。

家相で最も重要とされるのは、家の形状における「張り」と「欠け」です。家の出っ張

った部分を「張り」、引っ込んだ部分を「欠け」といい、「張り」が吉で「欠け」が凶となります。

当然、「欠け」がないほうがいいのですが、ほとんどの家は玄関が引っ込んでいます。玄関と外壁とを一直線上におくと、玄関部分の屋根を出して作らないといけません。そうなると建築コストが変わり、意外に高くなるので、玄関部分を奥まらせて建てる家が多いのです。

「欠け」は凶ですから、玄関を開けるたびに凶相の気が家の中に入ってきます。その逆に、「張り」は吉なので、玄関が張っている家は、開けるたびに吉相の気が入ってくるので、こういう家に住むと繁栄するわけです。

もちろん、玄関の「張り」「欠け」で全てが決まる訳ではないのですが、実際に「四神思想」に合っている住宅地には不思議と吉相の家が多く、「四神思想」とは逆地相になっている住宅地には凶相の家が多いのも事実です。

ビルト・イン・ガレージや中庭も「欠け」になります。また、出窓や玄関ポーチ、ウッドデッキなど、外壁から出っ張っていても、壁・屋根・床で囲われていないと「張り」には入りません。

「張り」「欠け」の次に見ていくのが間取りです。

北東が「鬼門」、南西が「裏鬼門」といわれ、キッチンやトイレ、玄関があるとトラブルを招くと伝えられていますが、それは間違った認識で、「鬼門」と「裏鬼門」を流れる気の流れを妨げないような構造にすれば問題はありません。

ほかにも階段の位置や、窓の位置なども運気に影響を与えます。

また、温度と湿度も家相の鑑定ポイントになります。家の中が、温度、湿度ともどこでも一定に保たれているのが理想です。

家は人の体と同じで、足元を温め、頭を冷やしたほうが吉になります。例えば1階に駐車場や店舗があり、2階・3階に住んでいる場合は、足元が冷えてしまうので、家相的には気が弱く、凶相の家になります。


そもそも、なぜいい家相に住むことが大切なのかといえば、人は寝ている間に生命エネルギーをチャージするからです。お医者さんが「よく寝てくださいね。元気になりますから」と言うように、寝ることで体の疲労は回復します。

その時に、家相のよい家で寝るのか、悪い家で寝るのかで、チャージできるエネルギーの質が変わります。

就寝時は意識を失っている状態なので、その場に漂う気のままに自分の肉体が染まります。いい気が流れる場所で寝ていれば、いいエネルギーがチャージされます。しかし、悪い気が流れる場所で寝ていれば、質の悪いエネルギーがチャージされるわけですので、当然、徐々に病んでいきます。

私たちの肉体がどんな食べ物を摂取するかで体質が変わるように、**どのような種類の生命エネルギーをチャージしているかで運勢の質が変わる**のです。

パワースポットと呼ばれる場所にエネルギーをもらいに行くのもいいのですが、それだけでは私たちの生命は維持できません。

人間の体は、昼間にたまった疲労回復のために、睡眠を必要とします。ですから私たちは、毎日6時間から8時間、365日睡眠をとっています。人生の3分1のは睡眠によって生命エネルギーをチャージしているのです。圧倒的に多くの生命エネルギーを睡眠によって得ています。このため、日頃どのような地相と家相の場所で寝ているかというのは、運勢にとってとても重要な要素になるのです。

しかし、家を新築あるいは増改築したり、いい家相の家に引っ越しをするのは、なかなかすぐにできることではありません。とはいえ、「運勢への先行投資」と考えれば、長期的に見て大きなリターンがあります。

「易学」は、過去・現在・未来の状況を教えてくれる

「易学」は、今から5000年以上前、古代中国の伝説の皇帝、伏羲《ふぎ》が「易」の基となるものを作り、その後、周王朝の文王と息子の周公が編纂し、さらに後年、孔子が解説を加えて完成しました。

中国の四書五経の一つである**『易経《えききょう》』**は、儒教の経典の筆頭になっています。

平たく説明すると、『易経』には六十四の時を表す物語が書かれており、この一つひとつの物語のどれかが現在の自分の置かれた時と状況に合致しています。そしてこの物語の一つひとつを「卦《か》」と呼びます。

さらに『易経』は、そうなるに至った過去の状況、そしてこれから起こるであろう未来の可能性を示唆しています。そこから行動指針を決めることもできますし、どのように考えるべきなのかという心の持ち方を正すためのアドバイスの書でもあります。

例えば、『易経』の最初に書かれた「乾為天《けんいてん》」は、龍の物語です。

最初は地中に潜んで修行をしていた龍が、やがて地上に出て努力と反省を重ねながら飛び立つ準備をします。そして飛び立つ機をうかがい、いざ飛び立ち、天に昇り神通力を発

揮して雲を呼び、恵みの雨を降らせます。しかし、昇り過ぎた龍はやがて神通力を失い、役割を終えます。

まさに栄枯盛衰の物語であり、人は頂点を極めれば、いずれそのようになると警告している物語です。

さらには、どのようにすればその神通力を長く保てるのかについても書かれています。ここでいう龍とは一つの比喩であり、古代の皇帝を表し、現代でいえば社長にあたる人物です。つまり、リーダーたる者はどのような心構えを持つべきかが書かれているのです。『易経』は、古代中国の哲学書、ひいてはビジネス書といっても過言ではありません

そして、この六十四の物語を基に占うのが、いわゆる「易占《えきせん》」といわれているもので、「易を立てる」と言います。筮竹《ぜいちく》やコインなどを利用して、質問の内容を心で考えながら占います。おみくじのように、答えが大吉とか凶などという単純なものではありません。

人生にはさまざまな出来事が起こります。苦しい時もあれば、楽しい時もあります。喜び、悲しみ、失望、安らぎなど、多様な状況とその時々の感情があり、それは時の経過と共に変化していきます。

『易経』はそういったさまざま状況を一つの時として、六十四の物語として綴られてい

ます。時が流れて状況が変化するさまが書かれているために、時の変化の法則の書ともいわれています。そして、人生で起こり得るであろう、ほぼ全てのことが抽象的な物語として書かれてあるのです。

「易を立てる」際に大切なことは、『易経』に書かれている物語を自分に当てはめて読むことです。

今の自分の状況や周囲の人達を、そこに出てくる物語や登場人物に当てはめて読むことによって、問題解決のヒントが見つかります。またその物語の前後を読むことにより、現在・過去・未来のさまざまな事象を読み解くことができます。

『易経』は実践哲学の書といわれており、現状を打開するための哲学が記されています。だからこそ、昔から多くの経営者が愛読書としているのです。

六十四の物語を自分ごととして当てはめていくのには少し慣れが必要なので、詳細は私が開催している勉強会に譲りますが、学びを深めていくと、どんな状況に遭遇しても解決の手段が得られるようになります。

同書の最初の物語である「乾為天」を紹介しましたが、六十四の物語としてほかにはどのようなものがあるのか、ビジネスシーンに照らし合わせていくつかご紹介しましょう。

●沢《たく》火《か》革《かく》

この物語は、革をなめす話が基になっています。豚革でも牛革でも、なめしてハンドバッグや靴を作れば、もともとの皮とはまったく異なるものになります。しかし、皮の本質は一緒で、豚革は豚革、牛革は牛革です。要するに、本質は変わりませんが、やり方や見た目を全て一新しないと、物事はうまくいかないという意味です。

会社のオペレーションややり方を総取り替えしないといけない、全面リニューアルの時期に差しかかったのだと、この物語は伝えています。

しかし、単に全部変えればいいというわけではありません。革命を行うには、革命をするための大義が必要です。大義がなければ単なる暴力です。

ですから従業員やお客様に「こういう理由で弊社は全面的に変えていきます」というしっかりとした大義を持っていれば、大きく物事は発展する、革命は成就するというのが沢火革の教えです。

また沢火革には、豹変や虎変という言葉が出てきます。豹の皮と虎の皮です。虎は冬毛と夏毛が入れ替わるときにガラリと変わります。また、豹の模様も季節によって抜け替わり、美しくなります。そこから「君子豹変」ということわざができました。

虎は虎、豹は豹ですから、本質的なものは変わっていませんが、時と場合によって、やり方を全部入れ替えなくてはいけない時が来たことを沢火革は示しているのです。

●水地比《すいちひ》

水地比は、みんなで仲よく親しむことが良い結果になるという物語です。いわゆる中小零細企業などに当てはめることができます。

社内で一番仕事ができるのは社長で、社員からも慕われています。しかし、大企業のように給料も待遇もよいわけではないので、優秀な人材が集まることはありません。社員たちは、社長ほど仕事ができない。そのため社長は、「やり手の人が来てくれたら、うちの会社はもっと発展するのに」と思うこともあるでしょう。会社設立時も、「会社を手伝ってほしい」と、優秀な人材にお願いをして断られた経緯があったかもしれません。

のちに会社が軌道に乗り、事業が発展し始めたときに、「会社を手伝いましょうか」と、過去に断られた優秀な人から声がかかることがあります。しかしこの水地比では「後夫凶《こうふきょう》」といって「遅れて来るやり手は絶対に組織に入れてはいけない。入れると会社を100%乗っ取られる」と警告しています。

社長は、得てして「この人が来てくれたら、うちの会社は発展するに違いない」と、ついつい入社させたくなります。しかし、そういうときに易を立てて、この卦が出たら絶対にそれをしてはいけません。現在のメンバーで和気あいあいとやることを大切にするべきなのです。

●水風井《すいふうせい》

古代中国は戦乱の時代でした。国を取ったり取られたりで、今までAという王朝の所属だった村が、軍隊が攻めてきてBという王朝の所属に変わるなど、村境がコロコロと変わりました。

しかし「村の境が変わっても、井戸の位置は変わらない」というのが、この物語が表しているこことなのです。

井戸は、村人がそこに水をくみに行き、命をつなぐ大切な場所です。水がなければ生活はできません。そして井戸は、村人が水をくみに来ようと来まいと関係なく、いつもその底からこんこんときれいな水を湧き上がらせる。それが井戸の役割です。

易を立てた際に、この水風井の卦が出たときは、あなたのやっている仕事は、世の中にとってものすごく価値のあることであり、評価されようがされまいが、自分の使命だと思って淡々と続けなさい、ということです。

人は自分の仕事が評価されると価値があると思い、評価されないと腐ったりします。しかし井戸と同じで、「人が見ていようがいまいが、あなたのやっていることは必ず社会に大きな価値を与え、いずれ評価されるので、やり方を変えるな」ということなのです。

実は私自身も、今後の自分をどうしていこうかととても悩んでいた8年前に、この水風井の卦を出しました。そして当時、師である村山幸徳先生から「おまえのやっていることは世の中にとって絶対に価値があり、いずれ認められるから、絶対にやり方を変えるな」と言われたことを、今でも昨日のことのように覚えています。

それから自分のやり方に自信をもち、ブレずに同じスタイルを通したところ、次第に社会的に認知されるようになりました。

大概の経営者は、自分のやっていることに不安を持ち始めると、本当にこれでいいのだろうかと疑心暗鬼になり、やり方を変えてしまいます。極端な話ですが、例えば老舗の飲食店などは、変えてはいけないその店だけの味があるのに、流行りの味に変えてしまいがちです。味を変えることで時代の流れに乗ることはできますが、時流に乗るものは時流で滅びるのです。

ちなみに水風井は、その人自身や会社、商品にポテンシャルがあり、「今はニーズがないように見えるが、市場は潜在的に変わらないものを求めている。だから絶対に変えてはいけない」と言っています。

同じようにポテンシャルがあっても、「市場は形を変えたものを要求しているので、本質は変えずに表面を全部変えろ」というのが、先ほど説明した沢火革です。

沢火革と水風井では、方向性が真逆ですが、市場のニーズと自分の持っているものの関係性、接点から判断して、どうすべきなのかを易は教えてくれるのです。

●天山遯《てんざんとん》

易では、徳の高い才覚のある人を大人《たいじん》、徳が低く自分のことしか考えない大衆を小人《しょうじん》と呼びます。

天山遯という易の物語は、大人が君臨して安泰だったものが、だんだん下から、小人が幅をきかせてくるという話です。

世の中は、小人が増えて騒ぎ立てるようになると、大人がいくらいい政治をしようとしても、難しくなります。そんな時、大人は最後まで何とかしようとするのではなく、世の中が乱れてしまったら潔く隠遁《いんとん》する。そして、また必要とされたら出てくるのがいいと、この物語は伝えています。

求められれば応じ、求められなければさっと身を引く。いつまでもそこに執着すると晩節を汚すことになる、というわけです。

仕事も同じです。会社で、だんだん自分の意見が通らなくなったら、自分は必要とされないと早めに察知して辞めれば、退職金も満額出て、悠然と引退できます。

しかし、その場に執着していると会社の経営状態も悪くなり、それでも最後まで残ることにこだわれば会社も倒産するでしょうし、自分も責任を取らされ、退職金ももらえず、下手をすれば給料さえもらえずに終わります。

易を立てて、天山遯の卦が出たならば、時の変化を早く察知し、余裕を持って辞めろということです。これは、マーケットの変化に関しても同じことがいえます。マーケットが縮小し、自社の商品がだんだん受け入れられなくなってきたときに、最後までそのマーケットにこだわるのか、マーケットの変化を早めに感じて、次の市場に行くべきか——。

この点でうまくいったのが富士フイルムで、失敗したのがコダックです。

富士フイルムは、マーケットがある間にデジタルカメラに移り、さらにデジタルカメラで培ったナノテクの技術を使い、医療や化粧品、半導体材料など、ほかのマーケットに移行しました。しかし、コダックは世界で初めてデジタルカメラを開発したにもかかわらず、写真市場にこだわり、倒産しました。これは天山遯の典型的な例といえるでしょう。

「易」が当たる理由をユングの「集合的無意識」から解明する

心理学者フロイトは、人間には意識（顕在意識）というものの下に無意識（潜在意識）があるという、世紀の大発見をしました。

人間が知覚できる部分は意識のわずか3％で、97％が無意識であるともいわれています。そしてフロイトの弟子であったユングは、おのおのの無意識の部分は深いところでみんながつながっているという「**集合的無意識**」という考えを提唱しました。

ここで、人の意識を、海に浮かんでいる島に例えてみます。

個々の島が個々人の意識だとイメージしてみください。水面から出ている部分はそれぞれの人の意識です。それは、それぞれの個人のパーソナリティーともいえます。

そして、水面下の部分はいわゆる無意識といわれるところです。島はたくさんあり、それぞれ独立しています。水面下でもまだ独立しています。しかし、海底までいけば全部がつながっています。これが「集合的無意識」です。

人間に置き換えてみると、AさんとBさんは全く別の人格で、海の上から見るとそれぞれの島として成り立っていますが、実は無意識の深い部分ではつながっているということです。これはAさんとBさんとの間のことだけではなく、それ以外の全ての人も実はつながっています。

このつながっている部分を、ユングは「集合的無意識」と呼びました。この「集合的無意識」にコヒーレンス（物理学で干渉のしやすさという意味）を起こす現象を一般的にはシンクロニシティーと呼んでいます。

皆さんも、仲のいい人に連絡しようと思っていたら、相手から連絡が来た、同じタイミングで同じようなことを考えていた、虫の知らせを感じた、などという体験をしたことがあると思います。これが無意識の力、シンクロニシティーで、日本語では共時性などといわれています。


さて、そのユングは晩年、「易」の研究に没頭しました。なぜかというと、「易」は、**自分の無意識の深い部分「内気」と、自分以外のもの全ての深い部分「外気」との接点を解き明かす思想**だからです。島で例えるなら、海の深い部分すなわち海底です。

虫の知らせなどのシンクロニシティーは、身内、夫婦、恋人同士のように、意識が強くつながっている人は、相手に何か異変があったときに察知しやすくなりますが、一般社会での関係やお客さんとの接点を察知する力は、それほど強くはありません。

その接点を、「易」で知ろうというわけです。つまり「易」を立てて、どんな卦が出てくるかで、今どんなリスクを抱えているのか、集合意識の中に潜んでいる現象が可視化されるのです。

捜し物の場所が夢に出てきたり、悩んでいる時に誰かが夢で答えを教えてくれたという経験がある人もいると思いますが、それはあなたの無意識の深い部分が夢で可視化されたということです。「易を立てる」というのは、簡単に言ってしまえばこれと同じ原理なのです。

易を立てたときに六十四の卦の中からどれが出るかは、まったくの偶然ではありません。例えば、Aという卦が出たのは、自分の無意識の深い部分でもあり、「外気」の無意識との接点がその卦の状態であることを、私たちに教えてくれているのです。

私たちの無意識は、外界からの無数の影響を知らず知らずのうちに受けています。それが可視化できれば、これから起きる物事を兆しの段階で捉えて、事前に準備や対処することができます。火事もボヤのうちなら対処できるが、いよいよ火が回ってからでは、ただ逃げ惑うことしかできないのと一緒です。

さらに、見方を変えれば、「外気」の無意識が集合意識を通じて自分の無意識につながって影響を受けているのですから、自分の無意識を変えることで、今度は集合意識を通じて他人の無意識に影響を与えることもできるのです。

極端な話になりますが、あなたが「お客さんに自社の商品を売り込みたいが、その際の心構えを知りたい」と「易」を立てたとします。そして、「宇宙はこういうことを言っている」とあなたが自分の無意識の深い部分を認知すれば、そのことがあなたの無意識にも影響し、それが集合意識を通じてお客さんの無意識に影響し、お客さんのほうが勝手に、まさに「易」が語っていた行動をとりはじめるという現象が起きます。

このように「易」は、集合意識を可視化したり、集合意識を活用して自分や他人の行動に影響を及ぼします。ですから、当たるとか、当たらないとかいう次元で使うのではなく、現状をコントロールするために使うべき技術なのです。

第3章

1%の経営者しか知らない「経営運勢学」

古代の優れた知識を会社経営に生かす

「気学」＋「易学」＋「心理学」＝経営運勢学

現在、私が行っている「経営運勢学（ビズトロジー）」は、「易学」「気学」「心理学」の知識を使って、主に経営者のビジネスをトータルでコンサルティングしていくオリジナルの鑑定方法です。

そもそも「易学」と「気学」を合わせた鑑定方法を知る人はほとんどおらず、これを政治やビジネスのコンサルティングに実践的に使ったのは、私の師であり、第一人者である村山幸徳先生です。

これまでお伝えしてきたように、世の中の運勢である「外気」の流れは天・地・人の「気学」で見ます。そして、個人の運勢である「内気」は、「気学」と「易学」を併せて見ていきます。しかし、「易学」といっても本当に必要な時以外に「易を立てる」ことはほとんどなく、「気学」の遁甲盤《とんこうばん》といわれる表のようなものを使って九星と八卦を対応させて見ていくことになります。

このように「気学」と「易」をクロスオーバーさせて鑑定ができる人は、かつて日本では村山先生しかいませんでしたし、その手法を引き継いでいる弟子も、私を含めてごくわずかです。

「気学」も「易学」も、古代中国の伝説である、黄河から出現した龍馬の背中に描かれた模様を書き写した「河図」と、洛水という川から出現した亀の甲羅の文字「洛書」が元になっています。つまり、ルーツは一緒です。

ところが、「気学」と「易学」は別の形として進化したので、現代では「気学」は「気学」の専門家、「易学」は「易学」の専門家がそれぞれ存在し、分断されるようになりました。

しかし、孔子が書いたといわれる「易学」の解説書『繋辞伝《けいじでん》』の中には、「河《か》は図《と》を出《いだ》し、洛《らく》は書を出《いだ》し、聖人之に則《のっと》る」とあり、聖人はこれを手本に易の卦を作ったとされています。

これは古代中国における伝説上の話で、「河図洛書《かとらくしょ》」のことを指しているのですが、実はこれは「気学」で使用する遁甲盤《とんこうばん》の方位や五行、星の配置などの原型となっています。「気学」も「易学」もここが出発点になっているのですから、そこには当然のことながら共通の法則が存在しています。

そして村山先生は「気学」の盤面を易の掛と対応させ、独自の視点で鑑定の精度を上げる方法を確立させました。

この星とその位置の組み合わせを、易の六十四の物語、つまり卦に配当し、「気学」と「易学」の両方を横断しながら鑑定します。「気学」と「易学」を互いに補完しあう関係で見るので、「気学」と「易学」の両方の知識がないと鑑定することができないのです。

そして私は、村山先生に学んだ「気学」と「易学」を横断する鑑定方法に、長年の経営コンサルタントとしての経験と産業カウンセラー、NLPなどのコーチングや心理学などのメンタル部分のアドバイスを加えました。

さらに、世界の経済情勢なども「気学」で読み取り、ビジネスに役立つ鑑定として本書でご紹介する「経営運勢学」を確立しました。


実は「気学」や「易学」は、心理学とも切っても切れないものです。

「気学」という名前を付けてこれを体系化した園田真次郎氏は、「気学と仏教は異名同体だ」と言っています。ちなみに村山先生は、著名な仏教研究者でもありました。

つまり、仏教の要素と「気学」は、名前は違えど本質的には同じことを言っており、心理学にも通じるわけです。

さらに東洋の仏教は、西洋の心理学と共通点が多く、般若心経が説いているものは心理学とほとんど同じ内容です。アメリカでも、一流の心理学者で仏教を研究している人もいます、ユングは道教、易経、仏教、チベット密教、インド哲学、禅などの東洋思想を研究していました。

このように「経営運勢学」では、「気学」「易学」「心理学」「コーチング」などの、さまざまな角度から経営者にアプローチし、経営者の心の成長と人間的な成熟を促し、真のリーダーとしての成功をつかむことを目指しています。

「経営運勢学」で世の中の大きな流れをとらえる

2017年から2020年ぐらいの間に、大きく宇宙を動かしているエネルギーの質が変わりました。宇宙の物理法則ともいえるエネルギーの質が精妙な部分で変わったので、当然それが物質的な部分にも影響してきます。

たとえば、白い花を色水が入った花瓶に挿すと、花の色が水の色に変わります。同様に、極端な話、私たちの血液にビタミン剤を入れれば、肌の張りがよくなりますし、老廃物の排出がうまくいかなくなれば、血色は悪くなってきます。

このように、体液や血液が変わることで、表面的な人間の肌も変わります。宇宙のエネルギーの質、「気」が変われば、生命の質も変わるのは当然なのです。

宇宙は生きていますし、地球も生きています。宇宙を動かすエネルギーの質は常に変化しています。そして**今起きている宇宙のエネルギーの変化は、物質的なものから非物質化の方向**へと流れています。

非物質化というのは、要するに「モノ」に価値があるのではなく、「中身」の価値のほうが重要視されるということです。

たとえば「新聞」は、以前は紙に刷られたものだったのが、近年では電子化されてきています。それは紙に活字が印刷してあることが大事なのではなくて、新聞に書いてある情報が大事なわけです。読まれる媒体は紙媒体ではなく、電子媒体でもよいということです。

人とのコミュニケーションも、意思疎通を図ることが目的なら、リアルに会わなくても、Ｚｏｏｍなどを使って空間を超えることができます。

この「**非物質化**」**の流れは、今後のビジネスを考える上で重要なポイント**です。

たとえば、ドライブが好きな人がいたとします。

その人がドライブを好きな理由が、「カーブの連続するワインディングロードを飛ばしながら、コーナーを攻めるのが好き」という場合、ＶＲで加速の感覚や重力まで体験できるのであれば、実際に車に乗る必要はありません。なぜなら車が大事なのではなく、車に乗った時の体験がその人にとっては大事だからです。

このように、今の世の中は物質的なものから、より非物質的な方向にシフトしてきています。そしてこのような変化は、今回に限ったことではありません。過去においても、産業の革命的な進歩のたびに社会に大きな変化がありました。

地球の進化の法則に則りながら人類も進化し、そこから外れた人々は淘汰されてきました。太古にも同じような人類がいて絶滅したという説もありますが、いずれにしても、宇宙の摂理として、宇宙は常に拡大し続け、全ての生物を進化させようとしているのは間違いありません。

それを神の意志と呼ぶのか、宇宙の摂理と呼ぶのか、使う言葉は違いますが内容は同じです。

進化は1本のハシゴを登るようなものではなく、振り子のように振れながら上昇していきます。進化には光だけでなく、影のような側面もあります。その影を解決して乗り越えることで、さらなる進化が促されるのです。

たとえば、車が発明されて、とても便利な世の中になりました。しかし今度は交通事故などの安全性の問題が出てきたために、自動ブレーキなどの安全装置が日進月歩で進化して、遂にはＡＩによる自動運転で交通事故そのものをゼロにしようという試みまでなされています。

このように、交通事故のような進化の副作用は、便利さと引き換えに必ず出てきます。しかし、光に伴って出てきた影の部分を乗り越えようとして、さらなる進化を遂げるのです。むしろこの影の部分こそが、加速度的に進化を促すのです。

１８８５年、フランスの生化学者で細菌学者であるルイ・パスツールは、伝染病の発生のメカニズムを解明して世界で初めてワクチンの開発に成功しました。

発症すれば致死率がほぼ１００％である狂犬病が流行していて、これを何とかしたいという思いからの研究でした。このパスツールの偉業は、その後、数々のワクチンを生み出すきっかけになり、伝染病が原因の死亡率を劇的に下げることになりました。

致死率の高い伝染病があったからこそ、その影を乗り越えようと進化する。この病原体も進化の過程では必要悪だったのかもしれません。逆に言えば、必要悪がないと先に進まない、悪がいないと善は育たないというのが、陰陽の考え方なのです。

そういう意味ではコロナ禍も、必要悪として、過渡期には必要だったものなのでしょう。

新型コロナウイルスの感染拡大というパンデミックによって、オンライン会議は一般的になり、ライフスタイルも大きく変化しました。

またｍＲＮＡワクチンという新しい仕組みのワクチンが開発され、一気に科学が進歩しました。コロナ禍という必要悪が、時間軸を加速させて私たちの社会に進化を促しているのです。

まさに今、さまざまな分野での事象がシンギュラー・ポイントに達しているのです。これは宇宙の大きな流れであり、これを知ってコインの裏表のような世の中を俯瞰《ふかん》して捉え、変化を乗り切るために必要な戦略を実践することが、「経営運勢学」であると考えています。

宇宙の気を学び、「運気」を呼び込める会社にする

松下幸之助氏や稲盛和夫氏、豊田佐吉氏のように、超一流の経営者はマーケットだけではなく宇宙の気を感じ取っていました。

二宮尊徳は、市場に限らず、その背後にあるものを見ようとした結果、経済と道徳の融和である「報徳思想」にたどりつきました。

報徳とは徳を以て、徳に報いることです。それは物や人そのものに備わっている「持ち前、取り柄、長所、美点」などを「徳」として、その「徳」をうまく使って社会に役立て

ていく、つまり、「お返し」をするということです。

そして報徳の道は至誠と実行、真心をもってそれを実践すること。言い換えれば、それは人のあるべき姿であって、宇宙の真理に合う道を歩むということです。なぜならば宇宙の根本的な原則は、全ての生命を育んで進化させることだからです。

「徳」と「道」を合わせた「道徳」という言葉がありますが、本来の意味は、「道」とは世の中で人が従うべき道のことであり、「徳」とはそれを体得した状態のことを表します。『易経』の中にも、「（聖人は）道徳に和順して義を理《おさ》め、理を窮《きわ》め性を尽くして以《もっ》て命に至る」という表現があります。これは、道徳は天の道でもあって、人間の従うべき道理にかなった法則と、自然の道理にかなった法則とが一体である、ということを示しています。

ここからモラルという考え方が生まれ、道徳を行動に落とし込んだものが「人に感謝をする」「人を愛する」「人に譲る」「人に優しくする」といったことになり、繁栄の法則となっているのです。

またその道の延長線上に、華道、武道、茶道、書道などの、「道」が付くものが存在しています。

このため二宮尊徳は「報徳思想」を説き、さらに宇宙の真理を体現できたからこそ６００もの村の財政再建を果たしたのです。

澁澤栄一も同じで、「論語」や「易学」を学び、宇宙の「気」に乗れたからこそ、500社もの会社を立ち上げることができました。二人が残した功績はあまりにも偉大で、もはや人間業ではありません。神業ともいえることがなぜできたのか。それは宇宙の見えざる力を活用して運気を呼び込んだからこそ、成し得た功績なのです。

また、孔子は『論語』の中で、「人にして遠慮なければ近憂あり」という言い方をしています。「遠くのことを配慮できない人は、いつも足元のことで憂いている」と説いています。まさに、自分の会社の売り上げばかり気にしている経営者は、世の中やマーケットの動きを見ていないということです。

反対に、世の中どころか宇宙の根本である法則を見ることができれば、足元の生活が安定するのは当たり前です。それどころか、周りの面倒も余裕で見ることができると孔子は語っています。

宇宙の原理原則を知り、**経営者の「内気」が宇宙の「気」と近くなるほど、宇宙の「気」とシンクロし、共振現象を起こして運気が強くなります**。

そして、人間性と運勢の強さは比例します。優秀な経営者は間違いなく人格者でもあり、人が喜んで集まり、会社も生き生きとして、運気が上がります。

一方で、経営者も従業員も「金のため」と割り切って働く会社であれば、たまたま事業が当たって一時の発展があったとしてもそれはあだ花であって、長期に渡った繁栄はありません。なぜなら、「自分だけがよくなればいい」と、「内気」だけを気にして「外気」を無視するわけですから、一時的に「外気」と合ったとしてもいずれ流れに逆らい、押し戻されてしまうからです。

宇宙の流れとして非物質化が進むということは、「金」のために働く会社は発展しなくなることを意味します。ＳＤＧｓの流れからも分かるように、今後は、さらに人のため、社会のため、地球のために、よりクリエイティブで、一人ひとりの価値が輝くような世界が求められています。

開運を妨げている「メンタルブロック」を外す

「経営運勢学」では、運気や運勢をどのように調べるかというと、まずはその人の星を調べます。次に、仕事内容や取り組む姿勢、ビジョンなどが、その人の星が持っている特徴や、星の使命に合うかどうかを見ていきます。

さらに、会社名、名前、過去の移動方位、今住んでいる場所の家相、地相の吉凶などを

図５　経営運勢学で見るポイント

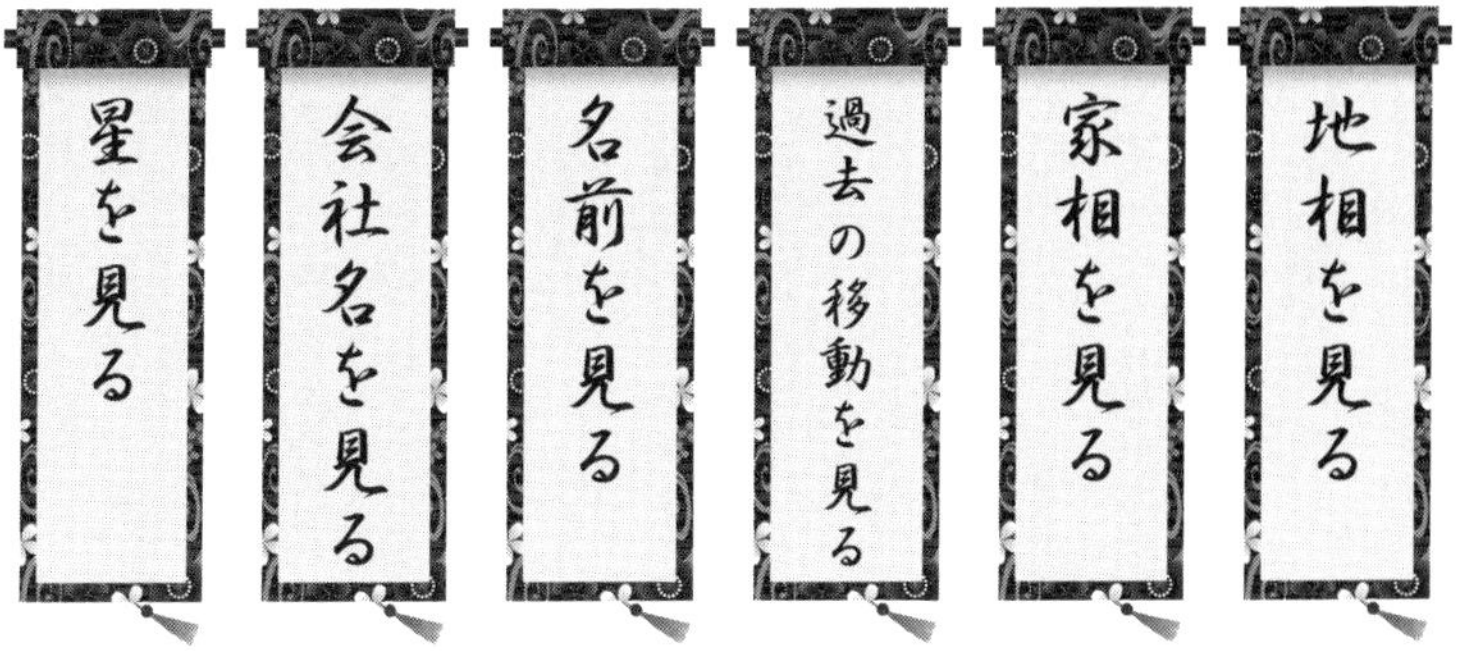

見て、自己実現や目標達成を後押ししてくれる影響を与えているのか、逆風が吹いているのかを見ます（図５）。

そして、名前、移動方位、家相など、マイナスのエネルギーが働いている問題がある箇所を一つひとつ改善して、プラスのエネルギーが作用するようにしていきます。

これらには優先順位があるわけではなく、解決しやすいところ、手を付けやすいところから始めます。

家を買ったばかりの人は引っ越しは難しいかもしれませんが、賃貸住宅に住む人は、手狭になってきたとか、契約更新時期が近いならば、家の購入や引っ越しから始めるのも一つの方法でしょう。

ところが、ほとんどの人は名前や移動方位など、問題がいくつもあった時、「これを全部解決するなんて、できません」と、必ず言います。

「名前を変えるのはちょっと……」「今すぐ引っ越しは……」と二の足を踏みます。これは第1章でお話しした恒常性維持機能（ホメオスタシス）のせいでもありますが、自分で自分に「メンタルブロック」をかけているのです。

そこで、なぜ100％のパフォーマンスが出せないようロックがかかっているのか、その原因となる思考癖や思い込みを心理学の観点から見ていきましょう。

たとえば、運勢を上げる方法として吉方方向への引越しがあります。これはとても強力な開運方法で、一度吉方位に引越をすれば、その効果は60年継続します。しかし家やマンションを購入したばかりであったり、子どもの学校の関係があるなど、現実問題として、実際に引越しができる人は限られます。その解決策として「**仮吉方**《かりきっぽう》」というものがあります。

来年の8月に南に引っ越すと運気が上がるとしたら、その3カ月前に反対方向の北に仮住まいをします。そして8月に家に戻ってくれば、南に吉方で引っ越したのと同じ効果があるのです。いうなれば期間限定の家出です。

この方法を、私が月1回開催している勉強会で生徒さんにお話しすると、皆さん「できない」と言います。

これがメンタルブロックです。

「できない理由は何ですか？」と聞くと、「夫が」「妻が」「仕事が」「親の介護が」「子どもが」と、できない言い訳ばかりを探します。

では、このメンタルブロックを外すには、どうすればいいのでしょうか。

それには、思考のフレームを変えていくことが有効です。

私がいつも「今すぐはできませんよね。でも30年かけたらできると思いませんか。または、20年後にはできると思いませんか」と話します。

「今はできない」というのは、当たり前です。

今すぐ引っ越せ、会社を辞めろなどと言っても、社会生活を破綻させろと言っているわけではありません。でも、「いつかはできる」はずなのです。逆に永遠に「できない」という理由はどこにもないのです。

自分ができないと思っているのは、目を閉じている証拠です。

こういう人は、自分にチャンスが訪れても気がつかず、通過させてしまいます。「まずはチャンスに目を向けてみたらどうですか」と言うと、それに気づくことで今まで目をつぶっていたところに目が見開かれるわけです。そうすると、意外に早く自己実現が可能になるものなのです。

実際に、勉強会に来ている方のうち、参加し始めて1年くらいの間に7割ほどは「仮吉方」を実行します。勉強をしていく中で、目を見開くようなヒントに出会い、「これはチャンスだ」と気づき、本人がつかみにいくのです。

そうすると状況がガラッと動きます。100%できないと思っていたことでも、7割ぐらいの人は実現するものなのです。


「できる」「できない」と、ほとんどの人は是か非の視点で捉えますが、実現までの時間軸に置き換えて考える視点が大切です。

今すぐは無理でも、一生かければできるかもしれない。もしくは、20年かければできるかもしれない。「できない」から「できる」にスイッチしたら、次は10年前倒しするにはどうしたらいいのか。それを3年でやるにはどうしたらいいかなどと考えはじめ、徐々に手前に手繰り寄せていくのです。

富士山も麓から山頂を眺めれば、「あんな高い山に登れない」と思うことでしょう。

しかし「取りあえず30分ぐらい登ってみたら」と声をかけ、少しだけ登ることができれば、高度が高くなり、視点が上がります。

そこで、さらに「もう30分ぐらい歩いてみたら」と促し、休み休みでも少しずつ上がるうちに、気がつけば3合目、4合目まで来ています。

そうなると、見えている景色が全く変わるので、山頂も射程距離に入ってきます。そして気がついたら、いつの間にか山頂に立っているのです。

たとえば、私がよく背中を押す際に、「では、あなたはこのままでいいんですか」という言葉を使います。

そしてさらにこう続けます。

「このままでいいなら、私は構いません。この問題は私のことではなく、あなた自身のことですし、変えるか・変えないかはあなたが決めていいのです。でも、このタイミングで人生を劇的に改善する方法に出会えたということは、ものすごいチャンスですよ」と。

すると、「いや、やりたのですが社内の調整が……」などと、できない理由が返ってきます。ポイントは、やりたいのだが、どうしてもリスクのほうに目が行ってしまう点です。

「ものごとにはタイミングがあるので、これを逃すと次のチャンスはいつ来るか分かりませんよ」と言葉を続けます。機会損失を伝えて、やらないリスクにも気付いてもらうのです。

「ダメ元でいいから、とりあえずやるという方向で一度調整してみたらどうですか」と言うと、ほとんどの人は「意外にうまくいきました！」という結果になります。

皆さんも、「できない」と思い込んで、取りあえず行動してみることをあきらめているのかもしれません。それは、「今はできない」だけです。「いつかはできる」と思うことで、メンタルブロックが外れ、目標達成に近づくことができるのです。

自分でコントロールできないものをコントロールしようとしない

よく耳にする格言に、「『人』は変えられないが、『自分』は変えられる」というものがあります。けれども、ほとんどの人は、自分でコントロールできないものをコントロールしようとします。一方で、自分でコントロールできるものをコントロールしようとしないのです。

第4章でご説明しますが、開運行動として名前を変えたり、引っ越しや家相のよい家に住み替えるといったことをアドバイスすると、ほとんどの経営者は「そんなことを言ったら、妻が反対するのではないか」と恐れ、何も行動を起こそうとしません。

さらに、「(妻などの家族に)反対だと言われないようにするためには、どうしたらいいでしょうか」と続きます。しかし、私に聞かれても、それは分かりません。奥さんの気持ちを透視することはできないからです。言いたい人には、言わせておくしかありません。他人の意思や発言は、自分ではコントロールできないことです。

これは「気学」の鑑定だけの話ではありません。何かをしようとしても、「あの人からああ言われるかもしれない」と妄想し、どうしたらその人をコントロールできるかを考えます。これでは問題はずっと解決しません。

では、どうすればいいか？

答えは簡単です。

自分がコントロールできることをすればいいのです。自分が何かに向かって日々準備をすることは、自分の決断でできます。自分が奥さんに対してどういう言い方をするかは、自分でコントロールできます。

たとえば、奥さんに話す時に優しい言い方をしたり、自分の考えや話を共有したり、事前に十分な説明をするといった準備を怠らないことも大事でしょう。そして何よりも、「自分は運勢を改善して何が何でも成功をおさめるんだ」という固い決意が周囲の人を動かすのではないでしょうか。いつも人の顔色ばかりをうかがっていても、自分からつかみにいかなければ幸せの青い鳥はやって来ないのです。

他人の感情や発言など、コントロールできるわけがありません。しかし、大体皆、その落とし穴に落ちています。

ですから、**コントロールできないものは考えず、自分の手の内にあるものを自分の責任**

において やることに注力するのが重要なのです。

自分の決意が運を呼ぶ

人はよく、「あの人は運がいい」「自分は運が悪い」などと言います。たとえば、仮吉方を行うにしても、運が悪い人には途中で何らかのトラブルが生じますし、運がいい人は最後まで実行することができます。

しかし、**運というものは、自分の決意で決まるもの**です。

仮吉方を行うか否かを決めるのは自分です。

これに対して、宇宙が応援してくれるかどうかは、決意の強さ次第。自分の決意が、いわゆる「集合的無意識」に伝わり、向こう側の無意識を動かすのです。

「念ずれば通ず」と言いますが、何でも念じれば動くというわけではありません。自分の決意を、天地の法則に合う形にすることで、宇宙が動かしてくれるのです。これを仏教用語では、「お手配があった」という言い方をしています。

私たちは、死ぬ日が決まっているわけではありません。しかし各自のポテンシャルがあり、その中で自分が何を選択するかで寿命が変わります。不摂生をしていれば寿命は短くなりますし、健康に気をつければある程度延びるわけです。

運も同じです。自分が何を選択するかで状況は少しずつ変わります。

運は、たまたまラッキーに天から降ってくるようなものだと思っている人が多いのですが、自分が行動を起こすことで作られるのです。「人事を尽くして天命を待つ」といいますが、天の法則に合わせて行動をすれば、天命として、その人にとって必要なことが起きるのです。

もしくは、自分という小さな歯車で宇宙という大きな歯車を動かすという光景をイメージをしてもらえると分かりやすいかもしれません。

宇宙という大きな歯車の流れと逆行して自分が動いていれば、エネルギーをどんどん食われてしまいます。場合によっては、最後は抗えなくなって、逆回転させられてしまいます。それが災《わざわ》い（人災）です。

しかし、宇宙という歯車が向かっている方向に自分の歯車を回していけば、宇宙のエネルギーが追い風になり、自分の歯車の動きがもっと大きくなります。自分が生きようとする力に応じて、宇宙がその人をより活かそうとする力を起こしてくるのです。

生きようとする力は、生命の「生」であり、活かそうとする力は活力の「活」です。**生きようとする力に応じて、「外気」の天地が活かそうとする力を働かせてくれることを**

「生活」と呼びます。

神社に行ってお賽銭を投げて拝んでも、それは神にすがっているだけで生きようということにはならないのです。

「気学」で1年間の「外気」を知ることは、今年1年の会社の経営方針を知ることと同じです。宇宙の経営方針を知り、自分の役割を知って使命を果たす。

反抗的な社員よりも、社長の意図をくみ取って率先してやる社員のほうがかわいがられます。会社の方針を知り、その方針を先回りすれば、出世するに決まっています。

それと同じで、宇宙に歯向かうのではなく、宇宙の意思をこちらが感じ取って先回りすれば、宇宙を味方につけることができます。そして思ってもいないサプライズが起きたり、自分の力以上の大きなうねりが働き、他人から見れば「運がいい」とうらやましがられるような大成功を収めることができるのです。

「決めない」というのは保留ではない

意志決定において皆さんが勘違いしているのは、あれこれ考えている時間をニュートラルな状態だと思っていることです。「ニュートラルな状態＝保留」としていれば、いつでもＡかＢの決定ボタンが押せると思っています。

しかし、「経営運勢学」の観点からみると、保留というものは存在しません。時間軸はどんどん流れていきますから、「決めない＝先送り」ではなくて、実はその都度「決めない」という選択ボタンを押しているということなのです。

極端な話、ＡかＢのどちらかに決めれば、勝敗の確率は50％だったのに、決めないというのは放棄ですから、勝負から下りてしまうことになります。これで失敗する経営者が、非常に多いのです。なぜなら、意志決定をして行動を起こせば、たとえ失敗したとしても次のリカバリーが早くなります。しかし、なかなか決めないまま時間ギリギリになって決めて失敗した場合、もはやリカバリーをする時間がなくなってしまいます。

早く決めれば、その結果をまた自分の手の内でコントロールすることができます。しかし、ほとんどの人は制御不能になるまで決めません。飛行機で例えるなら、墜落する直前まで操縦桿を握らないようなもの。そうなると時間切れで制御不能です。

ビジネスにおいてＰＤＣＡサイクルを早く回す必要があるのに決めないのは、なぜでしょうか？　実は、結果を自分が受け取ることを怖がっているのです。もしかしたら失敗をするかもしれないと、恐れているのです。

しかし**本当の失敗というのは、時間切れになること**です。自分で決めて動けば、何かしらのリアクションが返ってくるので、それを基に次の行動ができます。

1回で思いどおりの結果が出る人はいません。たとえば自転車でも、何度も転びながら乗れるようになるわけです。もっといえば、われわれが赤ちゃんの頃に歩けるようになるまでに何回転んだでしょうか？　という話です。怖いからといって、いつまでも歩き出さなければ一生歩けません。トライ&エラーを繰り返すことで上手になっていきます。

このトライ&エラーのサイクルが速い人は「気」が早く、サイクルが遅い人は「気」が遅くなります。

「気」が早いということは、「気」が早く循環しているので、当然運勢が強くなります。反対に「気」が遅いというのは「気」が滞っているので、運勢が悪くなります。東洋医学的にいうなら血行不良の状態です。

「気」の回りが遅ければ病気になりますし、「気」の回りが早ければ血行が良くなり、必ず元気になります。もし、自分が決められないというのであれば、自分の「気」が弱いということです。1回で決めようと思わずに、何度もやっていく中でどんどん精度が上がります。「決めない」のではなく、常に決断することを意識しましょう。

AでもBでも結果は同じ。大切なのは「何を」ではなく「誰が」選ぶか

経営者は常に選択を迫られる状態に置かれています。

その時にAを選ぶかBを選ぶかで迷う方は多いのですが、私は、「Aを選んでもBを選んでも、結果に大きな差はないでしょう」とアドバイスします。

なぜなら、**「何を」選ぶかが大事なのではなく、「誰が」選ぶかが大事**だからです。「誰が」というのは、「どんな私がAを選択したのか」「どんな私がBを選択したのか」ということです。

たとえば、あなたがAという方法を選択するのと、稲盛和夫氏がAという方法を選択するのでは全然結果が違いますよね？　大事なのは、AかBかではないのです。どんな心構えでAに挑むのか？　どんな心構えでBに挑むのか？　それによって結果が変わるということです。何をするのかではなく、何者がするのかが大事なのです。

物事には動機があり、行動があり、結果があります。

行動と結果はリンクします。これは当たり前のことです。しかし、その結果の後にある成就の段階は、行動とはリンクせずに動機とリンクします。行動すれば、やったなりの結

果が出ます。しかし、その結果はあくまでも結果であって、成就とは別です。そこで大切になってくるのは、行動の結果、どんな体験を味わいたいかということです。

「会社を上場させて、人を見返してやりたい」と頑張って働いてお金持ちになったとしても、最終的に受け取るのは「人を見返せた」という殺伐とした気持ちだけです。

「フェラーリのオーナーになりたい」というのも、フェラーリが好きなのであれば、手に入れてドライブに出かければ幸せな気分になれるでしょう。これが成就です。

しかし、「フェラーリを手に入れて、人に見せびらかしたい」という気持ちが動機であれば、元々は劣等感からきていますので、誰かに見てもらわないと面白くないでしょうし、これ見よがしにアピールすれば、「嫌なやつだな」と思われてしまうため逆効果で、何も成就しません。

つまり、行動の質を決めているのは最初の動機で、結果の後に受け取る成就という質を決めているのも動機なのです。人はみな結果を出すことに目を奪われますが、本当に欲しいものは、結果を得た後の満足感、すなわち成就ではないでしょうか。

しかし、このことに注目している経営者は意外に少なく、ほとんどの人は数値目標に目を奪われて、その中身を見ていないのです。目標の形にはこだわるが、目標の質には関心が薄いのです。

たとえば、あなたが自分の所属している組織の中から、密かに引き抜きをして仲間を集めて別の組織で起業をしたとします。しかし、あなたが義理を欠いたことをしている限り、あなたの周りにもそういう人しか集まりません。そしていずれ自分も、自分がしたのと同じことをされます。

私が見ている経営者でも、事業がうまくいかない人はこのパターンが非常に多いのです。そういう人には、義理を欠いた人に謝罪するようにアドバイスをします。

相手が許してくれるかどうかは関係ありません。実際に謝罪することで、自分の心に決着がつきます。誠意を尽くして謝ったことで、気持ちに区切りができるのです。すると、流れが変わり、事業がうまく回り始めます。

「気学」は方位学ではなく、心を変える道具

一般的に「気学」は、方位学のように思われています。しかし、こっちに移動をしたら幸せになる、あっちに移動すれば不幸になるというような単純なものではありません。

失敗する場合は、いつも失敗する思考パターンがあります。成功するには、成功するような思考パターンがあります。まずは、それを変えることが先決です。

皆さん、「気学」に魔法を期待しますが、そんな都合のよいものはありません。たとえば松下幸之助氏は「気学」や「易学」を学んで実践しましたが、鑑定の技に頼って、ただ寝ていただけではなく、血の小便が出るまで仕事をし、努力をしていたわけです。

ではなぜ、「気学」を学ぶのか？

それは、気づきが得られるからです。**「気学」を学ぶことで、自分の土壌ができ、日常に気づきが増えます**。

たとえば、「五黄殺《ごおうさつ》」という方角には壊滅という意味がありますが、五黄殺の方向に行くから壊滅の現象が起きるのではなく、自分の中に壊滅の心根があるから五黄殺の方向に行くようになってしまうのです。

ある人が会社を移転しようとした時、その方角が五黄殺なら、私はその人に「誰かを恨んでいるか、人を泣かせるようなことをしてきましたよね」と言います。そこでハッと気づきを得て心を入れ替え、その気持ちを反省すれば、何かの事情で移転が中止になったり、移転しても間を置かずに別の事情で今度は吉方位と呼ばれる、その人にとって良いことが起きる方角へ移転するチャンスが出てきます。

しかし、心根を変えない限りは、引っ越した後に、また凶方で引っ越すようになります。これはどんどん蟻地獄に落ちていくようなものです。心の深いところにあるものと移動方位は連動するので、吉の心根があれば吉方位へと移動しますし、凶の心根があれば凶方へと移動します。

この状態を改善するためには気づきや学びが必要です。学ばなければ、自分の心の深いところに気づきませんし、トラブルを巻き起こしている深層心理に気づかないのです。失敗する人は、失敗する深層心理がそのまま自己実現されているだけなのです。

自分にとって良い方位に移動したら、心の奥にある問題がある日突然消えて吉の心根に変わるわけではありません。そもそも心の奥に大きな問題を抱えて、凶の心根になっている人は、なかなかいい方位には移動できません。物件そのものが見つからないのです。仮に吉方位に物件が見つかって引っ越しをしても、何かの事情ですぐ呼び戻されて、結局は元に戻ってしまうのです。もしくは仮に行くことができたとしても、心根が全然変わらないと2~3年後にそれを埋め合わせるように凶方に引っ越さなくてはいけない事情が発生します。

私は、数々のそういう出来事を今まで何十件、何百件と見てきました。

吉方位に引っ越そうと準備をする過程で、いろいろな出来事が起こります。大切なのは、その一つひとつに丁寧に対応して、わが身を振り返ることなのです。

準備にはさまざまな調整が必要で、誰かにお願いをしなければならないこともあるでしょうし、頭を下げなければならない場合もあるでしょう。時には、人からグサッとくる言葉を投げつけられるかもしれません。

吉方位に行くとき、運勢の大掃除が始まります。掃除中は埃が舞い上がります。その埃とは、トラブルだったり、軋轢《あつれき》だったり、調整事項だったりします。それに向き合って対応するのは、心の掃除をすることにつながるのです。

その結果、「こんなことでもなかったら、家族のありがたみが分からなかったな」とか、「これを機に、生活パターンを変えよう」などと、心の深いところからの気づきが生まれます。「こうしなければならない」「こうするべきだ」といった思考だけでは人は変わらないのです。しかし、**心の深いところからの気づきは、人を大きく変化させます**。

「気学」は、自分の心を変えるきっかけを与えてくれるのです。

第4章

７日間で
運勢が変わる！
セブンステップ法

自分の星「本命星」を知り、
吉方で開運する

開運へのセブンステップの詳細と実践方法

「経営運勢学」は、「気学」「易学」をベースに、さまざまな心理学の知識なども交えて経営者の目標を達成していく、筆者によるオリジナルの手法であることを前章までにお話ししてきました。

本章では、「経営運勢学」がどのようなものかを理解していただくために、重要なエッセンスを抽出して7つの手軽なステップに分けてご紹介します。まずは、1日1ステップを目標に実際に取り組んでみてください。

ステップ1　自分の特性を知る（本命星・月命星）

●星を知る

「気学」では最初に、自分の生まれた年で決まる星、「本命星《ほんめいせい》」（一白水星《いっぱくすいせい》、二黒土星《じこくどせい》、三碧《さんぺき》木星《もくせい》、四緑木星《しろくもくせい》、五黄土星《ごおうどせい》、六白金星《ろっぱくきんせい》、七赤金星《しちせききんせい》、八白土星《はっぱくどせい》、九紫火星《きゅうしかせい》）を知ることから始まります。

「本命星」を知ることで、その人が持つ本質的な特徴や性格が分かります。

それぞれの星の特性を一言で表すならば、次のようになります。

- **一白水星**……人間関係重視で、誰とでもすぐに友達になれるタイプ
- **二黒土星**……何事もコツコツとやる、縁の下の力持ちタイプ
- **三碧木星**……とにかく明るく、元気に前向きなタイプ
- **四緑木星**……周囲の人の調整役で、何事もそつなくこなすタイプ
- **五黄土星**……ゴーイング・マイ・ウェイな半面、面倒見がよく、親分肌のタイプ
- **六白金星**……責任感が強く、何事もキッチリとやって結果を残したいタイプ
- **七赤金星**……エンタメ性抜群で、周囲の盛り上げ役タイプ
- **八白土星**……大きなビジョンを持って、長期目標にまい進するタイプ
- **九紫火星**……人前で目立つことが大好きで、オシャレにこだわるタイプ

本命星は、生まれた年、月、日によって星が決まっているため、宿命（変えられないもの）となります。すでに述べたとおり、変えられないものには吉凶はないため、どの星が良い、悪いということはありません。自分が持って生まれた個性と同じように捉えてください。

表２　本命星の一覧表

一白水星	二黒土星	三碧木星	四緑木星	五黄土星	六白金星	七赤金星	八白土星	九紫火星
平成29年 2017	平成28年 2016	平成27年 2015	平成26年 2014	平成25年 2013	平成24年 2012	平成23年 2011	平成22年 2010	平成21年 2009
平成20年 2008	平成19年 2007	平成18年 2006	平成17年 2005	平成16年 2004	平成15年 2003	平成14年 2002	平成13年 2001	平成12年 2000
平成11年 1999	平成10年 1998	平成9年 1997	平成8年 1996	平成7年 1995	平成6年 1994	平成5年 1993	平成4年 1992	平成3年 1991
平成2年 1990	平成元年 1989	昭和63年 1988	昭和62年 1987	昭和61年 1986	昭和60年 1985	昭和59年 ★1984	昭和58年 1983	昭和57年 1982
昭和56年 1981	昭和55年 ★1980	昭和54年 1979	昭和53年 1978	昭和52年 1977	昭和51年 ★1976	昭和50年 1975	昭和49年 1974	昭和48年 1973
昭和47年 ★1972	昭和46年 1971	昭和45年 1970	昭和44年 1969	昭和43年 ★1968	昭和42年 1967	昭和41年 1966	昭和40年 1965	昭和39年 ★1964
昭和38年 1963	昭和37年 1962	昭和36年 1961	昭和35年 ★1960	昭和34年 1959	昭和33年 1958	昭和32年 1957	昭和31年 ★1956	昭和30年 1955
昭和29年 1954	昭和28年 1953	昭和27年 ★1952	昭和26年 ★1951	昭和25年 1950	昭和24年 1949	昭和23年 ★1948	昭和22年 ★1947	昭和21年 1946
昭和20年 1945	昭和19年 ★1944	昭和18年 ★1943	昭和17年 1942	昭和16年 1941	昭和15年 ★1940	昭和14年 ★1939	昭和13年 1938	昭和12年 1937

★がついている年は立春が２月５日

本命星は上記の「本命星の一覧表」（表２）で確認できますが、注意していただきたいのは、「気学」では立春である２月４日（年によっては２月５日の年がある）から新年度がスタートするため、２月３日の節分までを旧年度として見ることです。

ですから、１月１日から２月３日の節分までに生まれた人（立春が２月５日の年は、２月４日生まれの人も）は、前年度の星を見てください。

たとえば１９９２年の３月10日生まれの人は、八白土星になりますが、１９９２年の２月３日の生まれの人は、立春の前ですからその前年の１

表3　月命星の一覧表

生まれ月＼本命星	一白水星 四緑木星 七赤金星	二黒土星 五黄土星 八白土星	三碧木星 六白金星 九紫火星
2月（2月4日～3月5日頃）	八白土星	二黒土星	五黄土星
3月（3月6日～4月4日頃）	七赤金星	一白水星	四緑木星
4月（4月5日～5月5日頃）	六白金星	九紫火星	三碧木星
5月（5月6日～6月5日頃）	五黄土星	八白土星	二黒土星
6月（6月6日～7月6日頃）	四緑木星	七赤金星	一白水星
7月（7月7日～8月7日頃）	三碧木星	六白金星	九紫火星
8月（8月8日～9月7日頃）	二黒土星	五黄土星	八白土星
9月（9月8日～10月8日頃）	一白水星	四緑木星	七赤金星
10月（10月9日～11月7日頃）	九紫火星	三碧木星	六白金星
11月（11月8日～12月6日頃）	八白土星	二黒土星	五黄土星
12月（12月7日～翌年1月5日頃）	七赤金星	一白水星	四緑木星
1月（翌年1月6日～2月3日頃）	六白金星	九紫火星	三碧木星

991年の九紫火星の生まれになります。

次に、「月命星の一覧表」から自分の月《げつ》命星《めいせい》を確認します（表3）。

月命星とは、自分が生まれた月の星です。これは、誕生月と本命星の組み合わせによって分かります。月命星は性格や才能などには直接の影響はありませんが、本命星との組み合わせから、そのほかの要素（最大《さいだい》吉方《きっぽう》など）を算出するのに使用します。

たとえば、本命星が一白水星の人で2月10日生まれであれば、月命星が八白土星になります。ただし、ここでも注意していただきたいのは、新年度が立春の2月4日から始まるように、月の始まりも1日からではありません。

なぜこのようにずれるのかというと、「気学」では二十四節気を基に暦が組み立てられているからです。地球の公転軌道を24等分したものが二十四節気で、立春から新しい1年がスタートし、「気学」はこの二十四節気を基準にしています。

正確には、1年の太陽の黄道《こうどう》上の動きを15度ごとに24等分して決められているので、太陽の日照時間の変化、地球に届く太陽の光量と密接に関わっている暦といえます。

これは、天の気の影響が地球に対してどのように変化するかを表しています。皆さんも春分や秋分、冬至や夏至は聞いたことがあると思いますが、これらは太陽の日照量の変化を表すものであり、それぞれの季節に相応しい名称が付けられています。

毎月のスタートは、それぞれ立春、啓蟄、清明、立夏……と、24の節のうち一つ飛ばしの12の節が月の切り替えで、それぞれに「十二支」が配当されています。

配当は次のとおりです。

子……12月
丑……1月
寅……2月
卯……3月

辰……4月
巳……5月
午……6月
未……7月
申……8月
酉……9月
戌……10月
亥……11月

われわれが普段使用している太陽暦（グレゴリオ暦）は、1カ月が31日の月もあれば28日の月もありますが、二十四節気は1年を均等に割っているために、1カ月の長さがほぼ同じになります。

そのために太陽暦との差が生じて、その年によって月の始まりが1~2日前後にずれるのです。本書では割愛しましたが、月が変わる前後の誕生日の人は、市販の「万年暦」（年月日の干支／九星が分かる）で自分の誕生月が何月になるかを確認できます。

●本命の特性を知る

本命星を知ったら、次に自分がどの程度その星の個性を活かせているかをチェックします。左に、一白水星から九紫火星までの「各本命星の個性についてのチェックリスト」を掲載したので（リスト1）、何個当てはまるかをチェックしてみてください。

リスト1　各本命星の個性についてのチェックリスト

一白水星

- □ 人間関係が多彩で、誰とでも合わせられる
- □ 人からよく相談される
- □ ものごとを深く考える
- □ 苦労人だからこその優しさがある
- □ 色白で異性から見て魅力的に見える
- □ 人の話を聞くのが苦にならない
- □ 表に出るよりも裏方が好き
- □ 自分のことよりも、ついつい人のことを優先してしまう

□ 情に流されやすい
□ 冗談を言うのが好き
□ コミュニケーション能力が高い

二黒土星

□ 何事もコツコツとやる
□ トップに立つよりサポート役のほうが性に合っている
□ 派手な服装よりもシックな装いが似合う
□ 手先が器用
□ 甘いものが好き
□ やせ型ではなく、骨格がしっかりしているガッチリタイプ
□ 観葉植物やペットの世話が好き
□ ものごとを始めるのがいつも遅くなってしまって、後になって焦る
□ 朝から雑用をしていて、気がついたら一日が終わってしまうことが度々ある
□ 物を貯めるのが好き

三碧木星

- □ 早起きで朝から元気いっぱい
- □ 熱しやすくて冷めやすい
- □ 新商品や新発売など「新」と付くとついつい買ってしまう
- □ 流行に敏感でトレンドを常に意識している
- □ おしゃべりが好きで、たわいもない話をすることが多い
- □ 失敗しても落ち込まず、反省よりも次の一手を考える前向き思考
- □ じっくり作戦を立てるよりも、当たって砕けろの行動主義
- □ じっとしていると不安になる
- □ 初年運のために、若いうちから大きな成果を上げる
- □ 声がきれいで通りがいい

四緑木星

- □ 人当たりが良くて初対面の人に好印象
- □ 仕事や仲間内での調整役が得意
- □ 周囲の人の面倒を率先して見て、自ら動くことが好き

□ 外出や旅行が好き
□ 人に対して従順で細かな思いやりがある
□ 親との縁が薄かったり、早くから自立していた
□ 若い時に苦労が多かった
□ 髪がきれい
□ 平和主義者で義理堅く、何よりも信用を重んじる
□ 人前で目立つことが好きだが、影役もいとわずできる

五黄土星

□ 困った人を見ると放っておけない
□ もったいなくて物が捨てられない
□ 親分肌で慕ってくる人の面倒見がいい
□ 機嫌が悪いわけではないのに、人から不愛想だと言われる
□ 人に迎合するのが嫌いで、独自の世界観で突き進む
□ 問題解決能力が高い
□ 時間を気にせずに、夜中でも思い立ったら行動する

第4章

□ 何事にも動じず、どっしりと構えている
□ 質実剛健で体裁は気にしない
□ 尊敬できる師がいる

六白金星

□ 責任感が強く、完璧主義
□ 向上心があって頭が良く、能力も高い
□ 実力者や権威者の応援がある
□ 仕事に手を抜くことはなく、いつも全力投球
□ 朝から晩まで忙しそうで、分刻みで動いているのに充実感がある
□ タイムマネジメントがうまい
□ 竹を割ったような性格で、白か黒かがハッキリしている
□ 理想が高く負けず嫌いで、プライドも高い
□ 曲がったことが嫌いで、常に公平を心がける
□ ボランティアや人のために尽くすことに喜びを感じる

七赤金星

□ 飲み会や食事会、パーティの席が好き
□ 人を笑わせたり、場を盛り上げるのが得意
□ 明るく愛嬌があり、いつも楽しそうと言われる
□ 一見弱々しそうに見えるが、何度倒されても起き上がる不屈の強さをもっている
□ 年をとっても可愛らしさがあり、男性でもチャーミングなところがある
□ 交友関係は広く、仕事もプライベートも楽しむ天才
□ 話題が豊富で、会話がウイットに富む頭のよさがある
□ プレゼン能力が高くて伝え方がうまい
□ 気前がよくて人によくご馳走をしたり、お土産を買って帰る
□ 人のことを批判しない

八白土星

□ 壮大なビジョンや長期目標があって、それを追いかける自分が好き
□ ものごとに取り組む時に、改革や変革などの改善活動が得意
□ 休日は外に出かけるよりも家で過ごすのが好き

□ 親兄弟や親戚との仲が良く、頻繁に行き来がある
□ 何事についてもメリハリを付けるのがうまい
□ 自分で一から始めるよりも、人から引き継いだものを発展させるほうが得意
□ ヘソクリや隠し口座などの、家族には内緒の資産がある
□ ガーデニングやDIY、ホームパーティなど、家にまつわることが好き
□ キャリアアップの転職を何度もしている
□ 料理、洗濯、掃除などの家事が得意

九紫火星

□ オシャレにこだわり、ファッションセンスがある
□ 頭の回転が速く、話もうまい
□ 理論的思考をする割には、最後は直観でものごとの決断をする
□ 音楽や絵画などの芸術的なものに触れるのが好き
□ 人前に出る機会が多く、周囲の人から注目を集めるのが好き
□ 情熱的で感情表現がハッキリしている
□ 周囲の人から美男、美女と思われている

□ 子供の頃親と縁が薄かったか、家族の中で疎外感を感じていた
□ 知的探求心が旺盛で、何かのジャンルでプロ顔負けの専門知識を持っている
□ スタイルが良く、どちらかといえば色白ではない

いかがでしたでしょうか？

該当項目が多ければ、自分の本命星らしく持ち味を生かせて生きているといえますし、少なければ自分の持ち味を生かせていない可能性が高いといえます。できれば半数以上が該当するとよいでしょうが、無理をする必要はありません。

ただし、自分の持ち味を生かすために、できるだけ自分の本命星の項目に沿った行動を取るように心がけてみましょう。

たとえば七赤金星の人ならば、飲み会の席が好きでなくても、とりあえず率先して参加して、会場でニコニコしておけばいいのです。内心は楽しくなくても、本命星の表す意味合いの場所に身を置いていると、だんだんとそれが板についてきます。初めは引きつった笑顔でも、そのうち本当に楽しくなってきます。

九紫火星の人ならば、絵画が好きでなくても、とりあえず鑑賞する機会を増やせばいいのです。作品のどこが芸術的に優れているか分からなくても、見てきた感想を人に話して

みましょう。ネットで検索したにわか知識でもいいので、うんちくを述べておくのです。本来は全くの素人でも、九紫火星の人が芸術について話すと、周囲の人は流石だと思うのです。これが本命星が持っているポテンシャルであり、そのうち本当に芸術を見る目が養われてきます。

実際にあった話ですが、私のセミナーの受講生で、本命が九紫火星の人で保険代理店を経営している人がいました。法人契約がメインで、常日頃から保険を使った節税についての提案や相談をこなしていました。人懐っこくフットワークも軽いことから、多くの経営者から可愛がられていました。

運勢を高めるために方位の移動、つまり吉方引越しをした後のことです。ある日突然、紹介してもらったお客さんからこんなことを頼まれました。

お客さん：「〇〇君、保険だけでは節税が追いつかないから、絵画の手配をしてくれないか」
九紫火星：「絵画ですか??」
お客さん：「そうだよ、君の仕事は節税の提案だろ。絵画のことも多少は知っているだろう?」

九紫火星：「は、はい……分かりました。手配します！」

とんでもない無茶ぶりでしたが、彼はせっかく紹介してもらった大きな会社の社長との縁を逃したくなかったので、つい「手配します」と言ってしまったのです。

それまでの彼は、絵画のことなど全くの素人で、興味さえもありませんでした。それから知り合いのつてを使って必死に調べて要求に対応しました。結果は大成功で、そこからどんどん発展し、今は保険屋なのか画商なのか、どちらが本業かわかない繁盛ぶりです。

今では、多少なりとも絵画の知識もありますが、当初はハッタリともいえる状態で対応していました。にわか知識でも、繰り返しやっていれば、本命のポテンシャルが発揮されるのです。

次に、「各星が表す特徴」を見てください（141ページ～のリスト2）。

気学では世の中にある全てのものに「気」があり、その「気」の性質によって一白水星から九紫火星までの9つに分類されるとしています。

ですので、本命が一白水星の人は、色であれば白や黒と本質的には同じ「気」を持っています。数字であれば1と6、食べ物であれば魚や豆腐など、職業であれば水産業や酒屋など、これらのものは本質的には同じ一白水星の「気」を持っているのです。

ここで注意したいのは、自分の本命星の欄に書いてある数字や色や食べ物は、ラッキーアイテムではないということです。一般的な占いでは、自分の本命星と同じものがラッキーナンバーやラッキーカラーだとしていますが、「経営運勢学」ではそのような考え方はしません。

もしも本命星が表す項目の色や食べ物にアレルギーや苦手なものが多ければ、ご両親との関係に問題があって、それがあなたの成功を妨げている可能性があります。これを「本《ほん》命殺《めいさつ》」と呼びます。

この現象が意味するのは、自分の本命星と同じ「気」を持つもの、自分の命と同質のものを無意識に拒絶していることの表れです。自分の命の源は両親ですので、本命殺の多くは親子関係に起因することが多いのです。

子供の頃の記憶や印象から親が嫌いになって遠ざけていたり、何かのきっかけで仲が悪くなって絶縁状態になってしまっている場合もあるでしょう。

これを機会に関係修復に動いてみてはどうでしょうか。また、すでに他界されている場合は、お仏壇に手を合わせることでもいいですし、お墓参りに出かけてみるのもいいでしょう。

相手に許しを請うのも大切ですが、もっと大切なのは、自分の中で「もうこだわらなくてもいいかな」と思えることです。

自己肯定感が低い人にも「本命殺」の傾向が出ることがあります。「本命殺」は自分で自分の首を絞めているために起きる現象で、自分が許せなかったり、他人に対して許せないものがあるとそのようになりやすい傾向にあります。そしてその多くの原因は両親との関係にあります。これは第3章でご説明した、開運を妨げているメンタルブロックの一つです。

また、リスト2に記載している内容は、本命星や月命星だけではなく、この後にご説明する親星や兄弟星、子星、最大吉方や同会《どうかい》の星にも当てはまる特徴になります。

リスト2　各星が表す特徴

一白水星

数字	1、6
色	白、黒、グレー
味	塩味

食べ物	魚、刺身、豆腐、根菜類（大根、人参、カブ、蓮根など）
職業	船舶関連事業、水産業、魚屋、酒屋、クリーニング業、印刷業、縫製業

二黒土星

数字	5、0
色	黄、茶、ベージュ
味	甘味
食べ物	大豆、鍋物、煮物、お団子
職業	農業、土木工事業、不動産業、米屋、スーパー、介護関連事業、中古品取り扱い全般

三碧木星

数字	3、8
色	青
味	酸味
食べ物	葉物野菜、柑橘類、酢のもの

職業	教育事業、家電販売業、放送局、パチンコ店、音楽関連業、広告宣伝業、造園業

四緑木星

数字	3、8
色	緑
味	酸味
食べ物	麺類、ねぎやハーブなどの香味野菜、燻製品全般
職業	繊維業、木材販売業、通信業、通販業、ペット関連事業、そば・うどん屋、運送業

五黄土星

数字	5、0
色	黄、茶、ベージュ
味	甘味
食べ物	チーズ、ヨーグルト、味噌、納豆などの発酵食品全般

職業	解体業、産業廃棄物処理業、ゴミ取り扱い業、葬儀屋、発酵食品全般の取り扱い、問題処理に関する仕事

六白金星

数字	4、9
色	金、銀、パールホワイト
味	辛味
食べ物	天ぷら、のり巻き、春巻き、メロン
職業	自動車産業、機械加工業、航空宇宙産業、時計・貴金属・宝石業、高級ブランド店、政治家

七赤金星

数字	4、9
色	ピンク、オレンジ
味	辛味
食べ物	鶏肉、卵、キムチ、豆板醤

職業	飲食店、ファストフード、金融業者、歯科医、講演家、水商売、パティシエ

八白土星

数字	5、0
色	黄、茶、ベージュ
味	甘味
食べ物	牛肉、筍、魚卵、イモ類
職業	コンサルティング、建築業、建築材料関連業、倉庫業、ホテル・旅館経営、代理店・取次店、リサイクル業、気象予報士

九紫火星

数字	2、7
色	赤、紫
味	苦味
食べ物	ゴーヤー、ピーマン、トマト、エビ、カニ
職業	保険業、調剤薬局、医師、本屋、カメラマン、美容師、鑑定士、士業全般

ステップ2　自分のポテンシャルを高める

吉方で開運準備をする

「気学」では運勢（生命力）を強めるものを吉とし、その吉を高める方法を「吉方《きっぽう》」と呼びます。「吉方」というと、方位移動の「吉方位」を想像する方が多いようですが、本当の「吉方」とは吉に至る方法論のことです。

吉に至る方法論を知るためには、五行のことを知らなければなりません。「気学」は「陰陽五行説」（万物には陰と陽があり、自然界は木、火、土、金、水の五大要素からなる）からできており、これは古代中国の世界観の一つだということはすでにご説明しました。

漢方、鍼灸、薬膳、アロマテラピーなどの原点は五行にあり、そこからスタートしています。その大元になっているのが現存する中国最古の医学書と呼ばれる『黄帝内経《こうていだいけい》』であり、「陰陽五行説」に則って記述されています。

「気学」で使用する一白から九紫までの9つの星も、木星、火星、土星、金星、水星のそれぞれの五行の要素を持っており、9つの星もこの五行の要素に振り分けられています。

9つの星を、一白水星、二黒土星、三碧木星、四緑木星、五黄土星、六白金星、七赤金

図6　五行の関係図

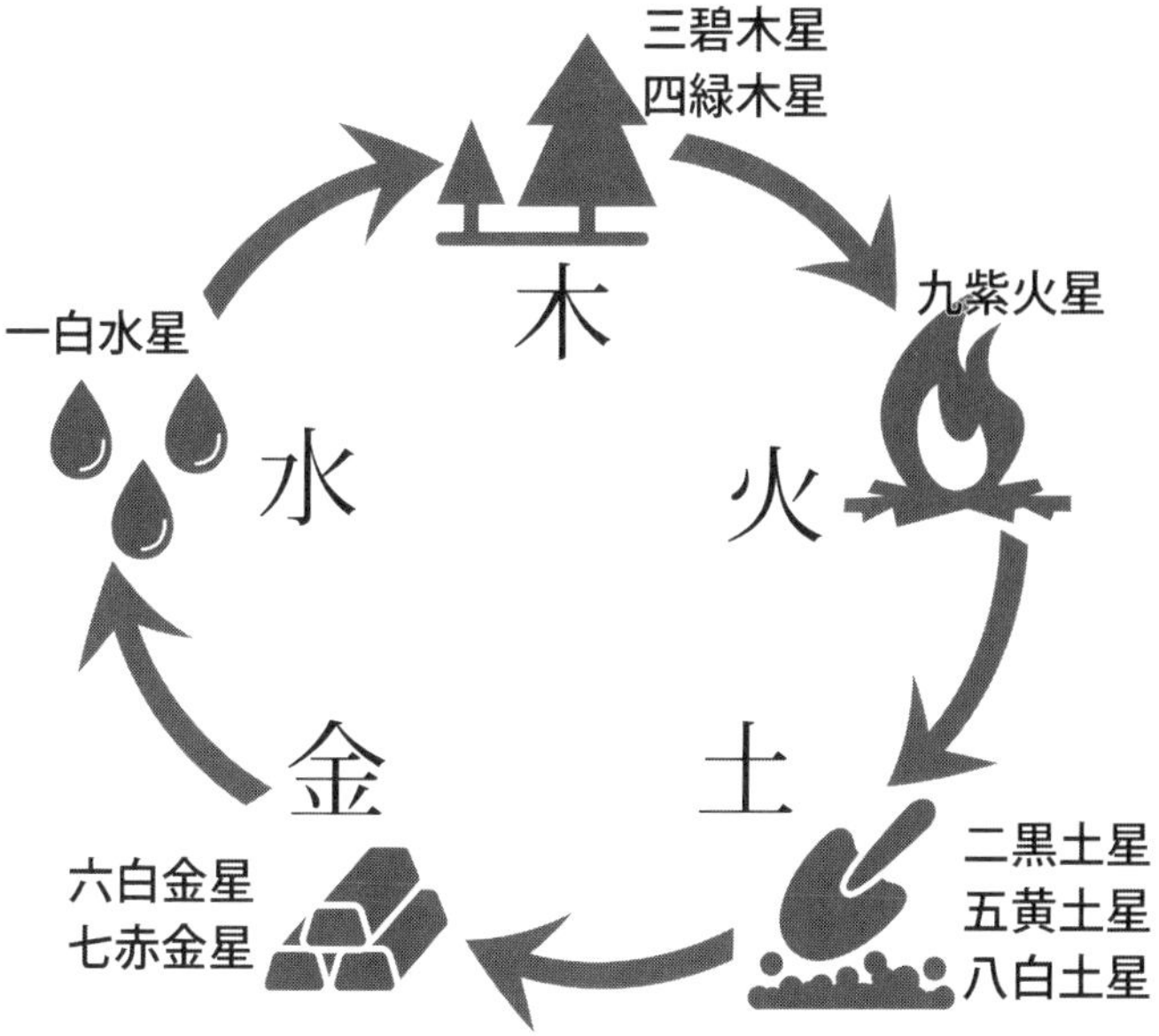

星、八白土星、九紫火星と、最後の2文字に、それぞれ五行の星をつけて呼ぶのはそのためです。

それぞれの星同士の相性は五行の関係で決まり、相性が良いものを「吉方」（吉の関係）と呼びます（図6）。

この「五行の関係図」は生成発展のサイクルを表しており、五行にはそれぞれお互いを生かし合い、運気を強めていく作用があることを表現しています。

木↓火↓土↓金↓水↓木の順に、次の相手を育てるように作用し、循環しています。それを次ページの「木生火」「火生土」というように表現します。

- **木生火**（木が火を生む）……木が燃えて火になる
- **火生土**（火が土を生む）……木を燃やした後に灰が生じて土になる
- **土生金**（土が金を生む）……土の中から鉱物（金属）が採掘される
- **金生水**（金が水を生む）……鉱物が冷えれば水滴を生じる
- **水生木**（水が木を生む）……水が草木を育てる

このように、自分が何かを生じさせる関係を「相生《そうしょう》」といい、ある物事がほかの物事を促進したり、育てたりする関係を表しています。

たとえば、本命星が二黒土星の人にとってみれば、図6のように同じ土星を持つ「五黄土星」か「八白土星」、さらに両隣の五行で火星と金星を持つ星（火星…「九紫火星」、金星…「六白金星」と「七赤金星」）が、相性が良い星となって、これが二黒土星にとっての「吉方」の関係になります。

「吉方」の星の人との人間関係も大切ですし、その相手の星の特徴を表す行動特性から色や数字、食べ物まで、「吉方」の星の意味はとても広範囲に渡ります。

そして、この相手の星のことを「相星《あいぼし》」と呼び、相星から吉がもたらされるのですが、どの星の人も複数の相星を持っています。

図6の「五行の関係図」で、自分と同じ五行にある星のことを兄弟星、矢印が1つ前の五行にある星を親星、1つ先の矢印の五行にある星を子星といいます。

「五行の関係図」を見ると分かるのですが、火と水には星が1つしかないので、九紫火星と一白水星は兄弟星がおらず、一人っ子と考えます。

たとえば二黒土星にとって、同じ土にいる五黄土星と八白土星の人は兄弟星、火にある九紫火星の人は親星、金にある六白金星と七赤金星の人は子星ということになります。

そしてこの「五行の関係図」でいえば、親星、子星、兄弟星は距離が近いため協力関係にあって、その関係が「吉方」になります。

つまり、二黒土星にとって子星だった六白金星から見れば、二黒土星は、親星に当たることになり、このように、全ての本命星が五行によって親子関係でつながっています。

●開運への近道を知る

まずは、自分の運勢を強めてくれる吉方の星の要素を活用することから始めるといいでしょう。吉方の星が表す色や食べ物、数字にこだわって日常生活に積極的に取り入れたいのですが、先ほど例に挙げた二黒土星の人は、九紫火星、五黄土星、八白土星、六白金星、七赤金星と5つも吉方があるために、選択肢が多すぎていったいどの色やどの食べ物を積極的取り入れたらいいのか迷ってしまいます。皆さんも、おいしいと評判のレストランに行ったときなどに、メニューがたくさんあって迷ってしまった経験があるでしょう。そんなときには「この店で一番のおすすめは？」と店員さんに聞いたり、口コミを確認したりしませんか？

実は吉方にも一番のおすすめがあるのです。その一番のおすすめの相星を「最大吉方」と呼びます。ここでは詳しい説明は省きますが、基本的には本命星と月命星に共通する吉方（相星）を指します（ただし、本命星と月命星が同じ星の場合は少し異なります）。

最大吉方は、開運への最短距離の星ともいわれており、この相星の特性をうまく自分に取り入れていくことが成功への重要なステップであり、近道になります。

では、まずはその最大吉方の相星を「最大吉方（相星）と同会《どうかい》の一覧表」の中から見つけてみましょう（表4）。

●最大吉方の要素を取り入れる

最大吉方の星を活用するためには、その星が表す色や数字、食べ物などを積極的に取り入れることです。

表４　最大吉方（相星）と同会の一覧表

本命星	月命星	最大吉方	同会
一白	一白	三碧、四緑	二黒
	二黒	六白、七赤	九紫
	三碧	四緑	八白
	四緑	三碧	七赤
	五黄	六白、七赤	六白
	六白	七赤	五黄
	七赤	六白	四緑
	八白	六白、七赤	三碧
	九紫	三碧、四緑	二黒
二黒	一白	六白、七赤	三碧
	二黒	八白、七赤	七赤
	三碧	九紫	一白
	四緑	九紫	九紫
	五黄	九紫、八白、六白、七赤	八白
	六白	八白、七赤	七赤
	七赤	八白、六白	六白
	八白	九紫、六白、七赤	五黄
	九紫	八白	四緑
三碧	一白	四緑	五黄
	二黒	九紫	四緑
	三碧	一白、九紫	二黒
	四緑	一白、九紫	二黒
	五黄	九紫	一白
	六白	一白	九紫
	七赤	一白	八白
	八白	九紫	七赤
	九紫	四緑	六白
四緑	一白	三碧	七赤
	二黒	九紫	六白
	三碧	一白、九紫	五黄
	四緑	一白、九紫	五黄
	五黄	九紫	三碧
	六白	一白	二黒
	七赤	一白	一白
	八白	九紫	九紫
	九紫	三碧	八白
五黄	一白	六白、七赤	九紫
	二黒	九紫、八白、六白、七赤	八白
	三碧	九紫	七赤
	四緑	九紫	六白
	五黄（男性の場合）	二黒、八白、六白	三碧
	五黄（女性の場合）	二黒、八白、七赤	四緑
	六白	二黒、八白、七赤	四緑
	七赤	二黒、八白、六白	三碧
	八白	九紫、二黒、六白、七赤	二黒
	九紫	二黒、八白	一白
六白	一白	七赤	二黒
	二黒	八白、七赤	一白
	三碧	一白	九紫
	四緑	一白	八白
	五黄	二黒、八白、七赤	七赤
	六白	八白、七赤	一白
	七赤	二黒、八白、一白	五黄
	八白	二黒、七赤	四緑
	九紫	二黒、八白	三碧
七赤	一白	六白	四緑
	二黒	八白、六白	三碧
	三碧	一白	二黒
	四緑	一白	一白
	五黄	二黒、八白、六白	九紫
	六白	二黒、八白、一白	八白
	七赤	二黒、六白	六白
	八白	二黒、六白	六白
	九紫	二黒、八白	五黄
八白	一白	六白、七赤	六白
	二黒	九紫、六白、七赤	五黄
	三碧	九紫	四緑
	四緑	九紫	三碧
	五黄	九紫、二黒、六白、七赤	二黒
	六白	二黒、七赤	一白
	七赤	二黒、六白	九紫
	八白	二黒、六白	九紫
	九紫	二黒	七赤
九紫	一白	三碧、四緑	八白
	二黒	八白	七赤
	三碧	四緑	六白
	四緑	三碧	五黄
	五黄	二黒、八白	四緑
	六白	二黒、八白	三碧
	七赤	二黒、八白	二黒
	八白	二黒	一白
	九紫	三碧、四緑	八白

※一白水星→一白というように最後の2文字の五行は省略して表記しています

持ち物や乗り物、食べ物などを使って、常に最大吉方の気が表すものの中に身を置きましょう。その際には、141ページ以降に掲載したリスト2の「各星が表す特徴」を参考にしてください。

たとえば、本命星が二黒土星で月命星が四緑木星の人にとって、最大吉方は九紫火星の人です。であれば、九紫火星を表す色や数字、食べ物を自分の生活やビジネスに取り入れるとよいということです。

ここで注意すべきは、取り入れるのは自分の本命星の表す色や数字ではないという点です。本命星の表す色や数字にこだわっても、ただ単に自分らしく生きているだけで、それ以上の成長はありません。

ステップ2でもご説明しましたが、本命星のものは嫌いでなければ問題ありません。本質的には元々持っているものなので、あえて取り入れる必要はないのです。それよりも、最大吉方の要素を意識するようにしましょう。

最大吉方のものを取り入れることは、重要な要素を獲得しにいくことなので、さらなる飛躍が望めます。それが開運への最短距離といわれるゆえんです。

たとえば、東京都知事の小池百合子は、本命星が三碧木星ですが、最大吉方が四緑木星のため、四緑が表すグリーンを自らのテーマカラーにしているのです。またこの星が最大吉方の人は、ラッキーナンバーの3と8を使い、食べ物はパスタやうどんなどの麺類を好んで食べると運気が上がります。

ですから、特に大事な商談やここ一番の時には、最大吉方の色であるグリーンを差し色（アクセントとして使用する色）に持ってくるコーディネートをし、テーブル番号は末尾が3や8などの席に座り、パスタでも食べながら大事な話をするのがおすすめです。

もちろんそれ以外にも、方位を使用したり、会う日にちを選んだりと、上級者向けの方法を使って精度を上げることもできますが、まずは基本として最大吉方を活用することをマスターしましょう。

これだけでも、ご自身がビジネスで成功する確率は格段に上がります。最大吉方を活用して運勢が高まってくると、通常ではありえないようなミラクルが時には起こるのです。

なお、最大吉方が複数ある人は、開運への最短距離のルートがいくつもあるということです。ポイントは、全てをやろうとせずに、一つの星にしぼることです。エネルギーをあちこちへ分散させるよりも、一点に集中したほうが、より成果が出やすくなります。

ステップ3　あなたの周りにいるダイヤを探す

●最大吉方の人を探す

周囲にいる親しい人たちの星を調べてみましょう。そして、家族や友人、ビジネスパートナーなど、あなたと関わりの深い人たちの本命星の一覧表を作ってみましょう。

あなたの周囲に最大吉方の人がいますか。いれば、その人があなたの人生を開運させるキーマンになるかもしれません。ただし、知り合いにいるというだけでは最大吉方の効果は得られません。その星の人と深く関わることによって、吉がもたらされるのです。

たとえば、一緒にビジネスを行う、大事な局面でいつも相談に乗ってもらうなど、尊敬する上司や頼りになる部下、仲の良い同僚など、関わる機会があればあるほど、その人から吉の影響を受けます。

実際に私がこの世界で成功するように導いてくれた恩師である村山幸徳先生は、私の最大吉方の星の人であり、その村山先生との縁をつなげてくれた人も私にとって最大吉方の星の人でした。

そして何より私の配偶者も最大吉方の星の人ですし、私を生んでくれた母親も最大吉方の星の人でした。思い返せば、人生の節目節目で最大吉方の人が関わっていて、自分の事業が拡大すればするほど、周囲に最大吉方の人が集まってきたのです。

このように自分の運勢を開いてく上で、最大吉方の人がキーマンになることは多々あります。逆に言えば、最大吉方の人が周囲にいないうちは、あなたはまだ本当の力を発揮できていないともいえるでしょう。だからこそ周囲の人の星を知って、最大吉方の人が来たら逃さないようにしましょう。

ここで一つ問題があります。

最大吉方の人ならば誰でもいいのかという問題です。すでに最大吉方の人が周囲にいるという人もいるでしょうし、一緒に仕事をしているという人もいるでしょう。それなのに、大きな成功を収めていなかったり、開運の実感がなかったりするケースもあると思います。

ポイントは、その最大吉方の人の運気が良いのか、そうでないのかということです。運気の弱い人と関わっても自身の運気は上がりません。運気の強い人と関わってこそ、大きな開運効果があるのです。

ではどうやって運の良し悪しを見分けるのでしょうか？　そのためにはその星の特徴を知ることが大事です。ステップ２で紹介している「各本命星の個性についてのチェックリスト」を使いましょう。各星の良い個性が出ている人ほど、運勢の良い星だといえます。最大吉方の星の人と関わるというのは、自分にとって重要な要素を獲得しに行くようなもの。運は待っていてもやって来ない、自分から獲得しに行ってこそ得られるものです。

ステップ4　石ころをダイヤに変える

●行動次第であらゆる人があなたに吉をもたらす最強状態をつくる

ここでは最大吉方の応用方法をご紹介します。

最大吉方を知ったら、自分の星（本命星）と最大吉方の星との関係性を見てみましょう。ステップ2で親星と子星、兄弟星の関係を説明しましたが、次の「五行の関係図」（図7）を使って、本命の五行と最大吉方の五行の関係を調べます。

たとえば、本命星が二黒土星で最大吉方が九紫火星の場合、土星と火星の関係になります。本命星から見て最大吉方の九紫火星は親星です。

親星の吉方を「生気《しょうき》吉方」、兄弟星の吉方を「ひわ吉方」、子星の吉方を「退気《たいき》吉方」と呼びます。

つまり、二黒土星の人にとっては、

図7　五行の関係図（本命星と最大吉方の星との関係性）

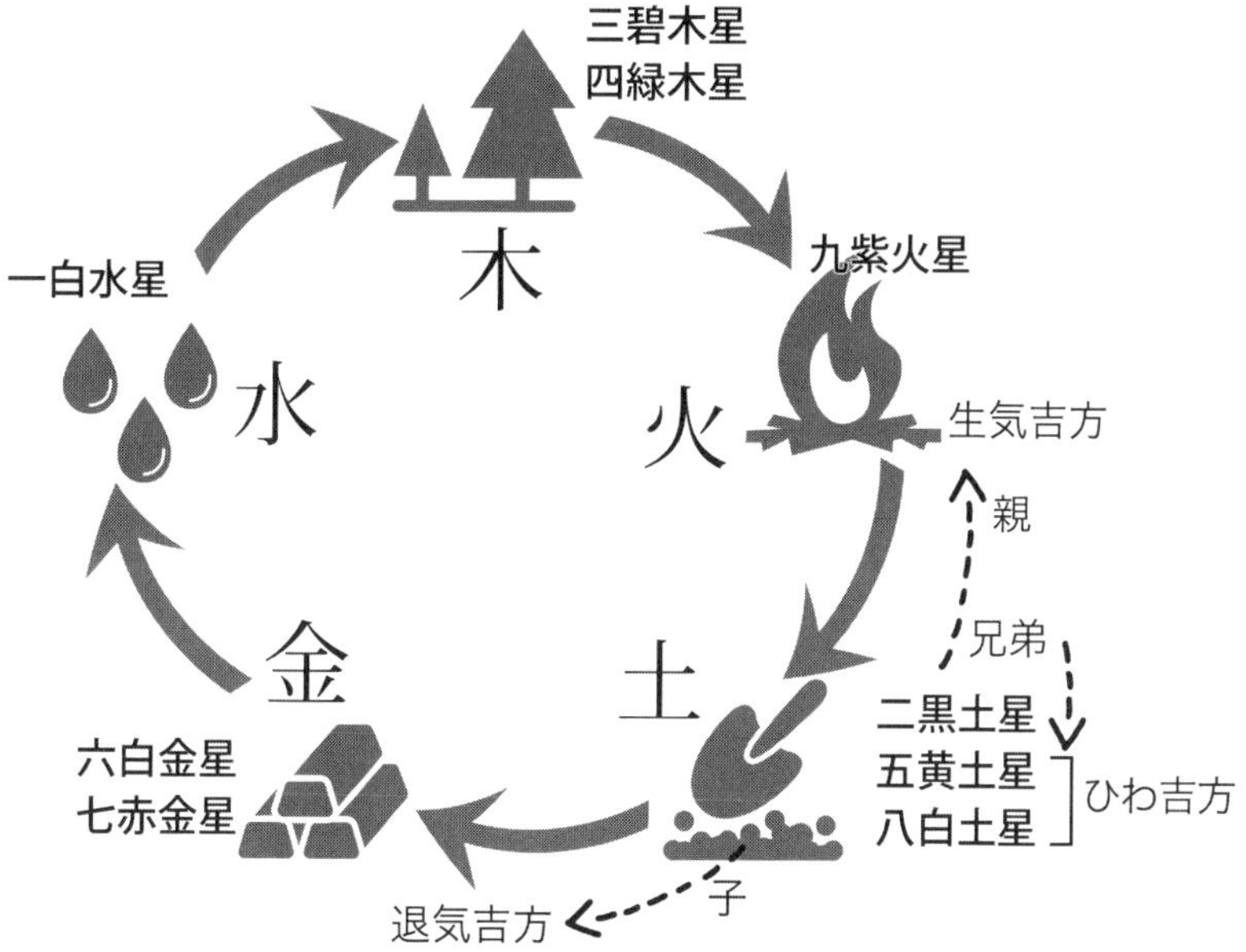

親星　（生気吉方）　火星
……九紫火星
兄弟星（ひわ吉方）　土星
……五黄土星、八白土星
子星　（退気吉方）　金星
……六白金星、七赤金星

となります。

ほかにも、本命星が八白土星で最大吉方が二黒土星であれば、土星同士の関係になります。本命から見て最大吉方の二黒土星は兄弟星になります。

本命が八白土星で最大吉方が七赤金星であれば、土星と金星の関係になります。本命から見て最大吉方の七赤金星は子星となります。

このように最大吉方は、必ず親星か兄弟星か子星になります。

さて、最大吉方は開運への近道なのですが、いつも身近に最大吉方の人がいるとは限りません。例えば、重要な仕事でパートナーシップを組む人や、大切な取り引き先の社長や担当者が最大吉方の星の人だなどというラッキーな話はほとんどないでしょう。ビジネスの現場では、こちらから人を選べないことがほとんどだと思います。そのような場合は、本命星と最大吉方の関係性を使います。

最大吉方が自分の運を開いてくれるのならば、最大吉方と同じような関係性の中においても自分の運を開くことができるのです。たとえ相手がどんな星であっても、最大吉方が生気吉方ならば、相手の立場が自分より下でも親を敬うように相手を立てて行くことで吉が得られます。

ひわ吉方ならば、仲間のような同じ目線でフランクにお付き合いしたほうが吉が得られるでしょう。

退気吉方ならば、子供の面倒を見るように、損得勘定抜きでこと細かくフォローしたほうが吉が得られます。

▼生気吉方（親星）……親や先輩を敬うようにつくすことで開運する

▼ひわ吉方（兄弟星）……世代や立場を超えて友達のように本音で言い合える人間関係を構築することで開運する

▼退気吉方（子星）……子供の面倒を見るように、見返りを求めずに相手を育てることで開運する

たとえば、本命星が一白水星で最大吉方が六白金星の人は、水星と金星の関係を見ればよいのです。最大吉方が生気吉方の関係なので、尊敬できる人を見つけることが開運のきっかけになると言い換えることもできるでしょう。

本命星が三碧木星で最大吉方が四緑木星の人は、木星と木星の関係を見ればよいのです。最大吉方がひわ吉方の関係なので、本音で語り合えるような仲間をどれだけ作ることができるかが開運のきっかけになります。

本命星が九紫火星で最大吉方が二黒土星の人は、火星と土星の関係を見ればよいのです。最大吉方が退気吉方の関係なので、たくさんの人の面倒を見ることが開運のきっかけになります。

ポイントとなるのは、年齢や立場の上下は関係なく、前述したような関係性が作れるか

どうかです。

本命星から見て、生気吉方、ひわ吉方、退気吉方と分けると、自分と相手との理想の関係性を見ることができます。最大吉方の人物だけが全てではなく、関係性の中にも吉を見出すことができるのです。このような人間関係を築くことで、どのような人といても開運のチャンスが得られるという、無敵の状態になるのです。

ステップ2でも説明しましたが、最大吉方が複数ある人は全てをやろうとせずに、どれか一つに絞ることが大事で、自分が一番やりやすいものをするのがいいでしょう。私は本命星が六白金星ですが、最大吉方が二黒土星、八白土星、七赤金星と3つあります。生気吉方とひわ吉方を持っていることになるのですが、仲間とワイワイやるというのが自分の性に合っているので、ひわ吉方を常に心がけています。

このようにどれか一つに絞ることによって、開運へのエネルギーを集中させることができるのです。さて、ここまでは自分の運勢を高めて吉を受け取る準備のお話でした。自分の中の内なるポテンシャルである「内気」を高める方法です。ステップ4まででも丁寧に実践すれば、十分な成功は期待できますし、実際にかなりの成果を上げている人たちがいるのも事実です。

しかしこれだけでは、不十分だと考えています。「経営運勢学」では、もう一段踏み込んで高めた運勢を具体的な開運方法を使って外部へと解き放ちます。

ステップ5 成功への扉を開ける賢者を見つける

●同会星の人とかかわる

私たちの内なる運勢は「内気」です。

一方で自身を取り巻く環境は、「外気」の話になります。第2章でご説明しましたが、ものごとの成果は「内気」と「外気」のコラボレーションで決まります（図8）。

それによって高めた運勢を開運させるのですが、開運とは運を開くべき対象があってこそのもので、その対象が「外気」になるのです。

これをビジネスの世界に置き換えれば、自身の内側の運勢は自社のリソース（商品やサービス）であって、対象になる「外気」はマーケットのことになります。そして、「内気」と「外気」を結ぶ接点が「同会《どうかい》」という星になります。ビジネスにおける同会は、自社の商品やサービスをマーケットに橋渡しするカギとなる役割を果たします。

図8　「内気」と「外気」のイメージ

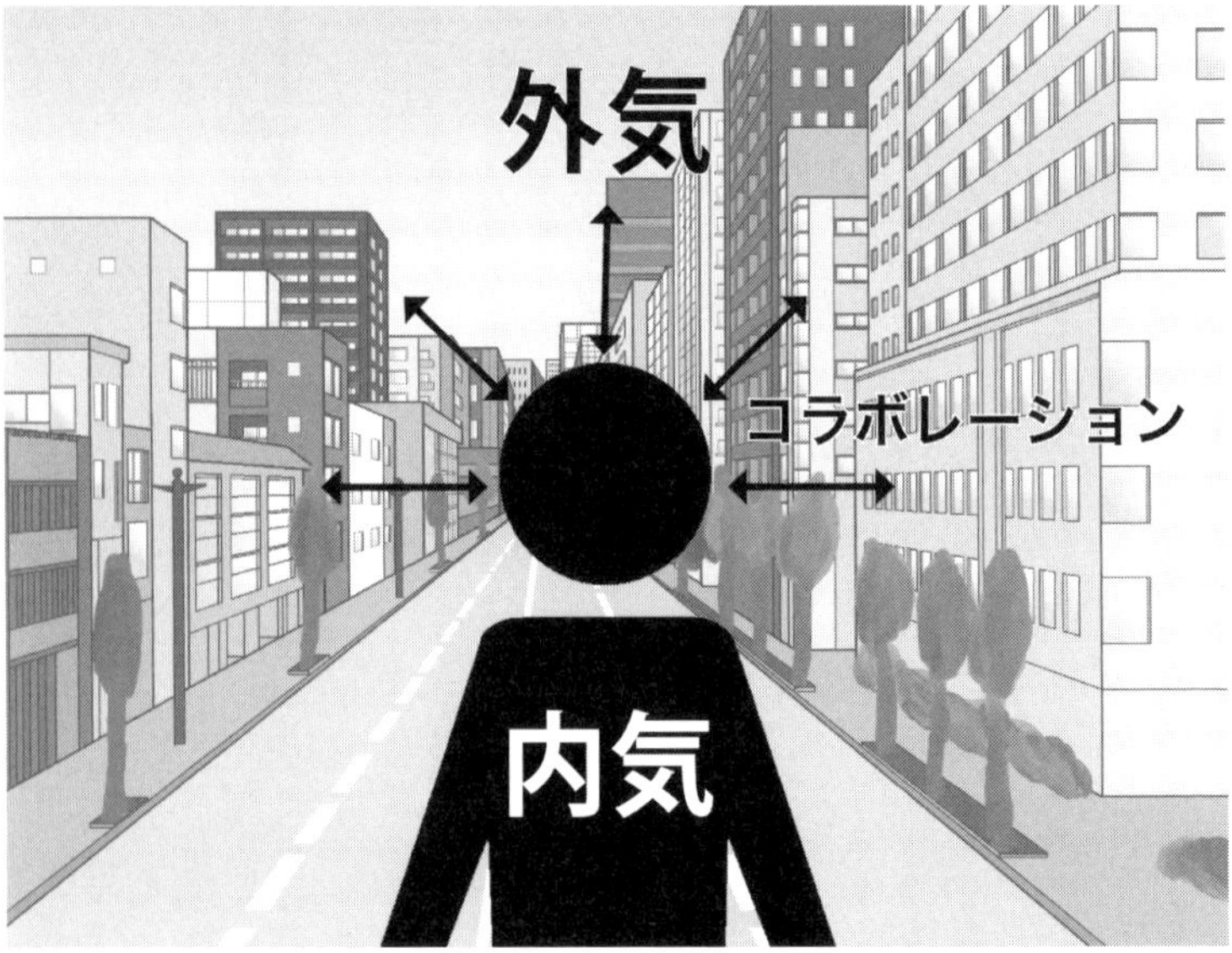

与えられた環境で自分の能力を発揮する、自分の功績を世の中に評価してもらう、これらは全て同会の星を通して外界とつながることになります。

151ページの表4の「最大吉方（相星）と同会の一覧表」で、自分の同会を調べてみましょう。たとえば、本命星が二黒土星で月命星が四緑木星の人は、該当する行の同会の欄を見ましょう。この場合は九紫火星が同会の星となります。

同会の星を本命に持つ人が身近にいますでしょうか？

この星の人があなたのビジネスや社会的成功への縁をつなぎ、あなたの人生とあなたが活躍すべきステージとの接点を取り持ってくれる重要な役割を果たします。端的にいえば、あなたを売り込んでくれるセールスマンだと考えてもいいでしょう。

もちろん最大吉方の星の人と同じく、「知り合いにいる」というだけではほとんど効果がなく、実際に同会の星の人を通してマーケットを開拓したり、セールスを行ったり、顧客の取りまとめをしてもらったりと、ビジネス上、深く関わっていくことで飛躍的に活動のステージが広がり、マーケットが開けていきます。

さらに、もう一つのポイントは、「最大吉方」と同様に、同会の星の人と関わるならば、なるべく運勢の良い人と関わるのがベストです。

ステップ2でご紹介している「各本命星の個性についてのチェックリスト」や「各星が表す特徴」を使用して、なるべくその星の良さが表れている人と関わるようにしましょう。

ステップ6　自分自身が活躍できる環境を手に入れよう！

●同会の事象を活用して活躍のステージを作り出す

環境を活用するためには同会の人はとても大切なのですが、適任者が現れるまで待っていてもなかなか成功への扉は開きません。そこで同会の事象を活用して、自ら活躍のステージを作り出すことを心がけましょう。

具体的には、同会の星が表す事象を仕事の中に組み入れたり、同会の星が表す職業に就いたり、事業を始めるのも一つの方法です。

たとえば、私の同会は七赤金星です。七赤の項目を見ると、向いている職業は、金融業者や飲食店、講演家などとあります。しかし、私の日常は経営コンサルティングを行ったり、「気学」や「易学」を使って鑑定などを行うことです。141ページのリスト2の「各星が表す特徴」を見ると、コンサルティングに向いているのは八白土星、鑑定に向いているのは九紫火星とあります。

どちらも同会の七赤金星の要素ではないのです。そこで一工夫して、私の仕事の入り口として七赤金星が表す講演会を行っています。

そのかいがあってか、お陰様で全国で年間150本余りのセミナーをやらせてもらっています。七赤金星が表すセミナーが入口になって、日本だけでなく、海外にまで仕事が広がっています。

しかもこの本を書くまでは、一切の広告宣伝なしで、同会の力によって勝手に仕事が広がっていきました。ホームページもなかったのですが、本を出版するので急遽作成したくらいです。

このようにして、同会が表す職業や業種、事柄などをうまく活用して、ビジネスの展開に応用すれば、圧倒的な成果を発揮します。皆さんも同会の職業などの事象を確認して、ご自身のビジネスに取り入れることができるかを一度検討してみてください。

もちろん職業だけでなく、「各星が表す特徴」にあるように、自分の同会の星にある食材をいただくようにしたり、生活に色や数字を取り入れることもできるでしょう。工夫次第でやり方は無限大に広がります。

ステップ7　繰り返しながら精度を上げていく

以上のように、ステップ1から6までを繰り返しながら、ご自分のビジネスの精度を上げていくのが成功の近道ですが、まずはご自身や自分の周囲にいる人にこのステップを当てはめてみてください。

具体的には、まずその人の星（本命星と月命星）を知り、次に本命の特性を生かせているのかを観察。そして対象者の周囲に最大吉方の星の人がいるのかを見ます。たったこれだけでも、その人の運が良いのか、そうでないかが分かります。

さらに、可能であれば、ビジネスで関わるキーマンや、周囲にいる人にもこのステップを実践してみてもらってください。なぜそのようなことを提案するのかというと、運の良い人は運の良い人とつるみますし、運の悪い人は運の悪い人同士でつるんでいるからです。

ですから、もしあなたが成功したければ、運の良い人を選りすぐって付き合うか、周囲にいる人の運気も自分と一緒に上げてしまうかのどちらかになります。

第1章でも述べましたが、これを心理学で「コンフォート・ゾーン」といい、人には快適に感じる一定のレンジがあり、極端な差がある人とは一緒にいられなくなるのです。ですから運気の良い人と、運気の悪い人とが一緒にいることは、通常はあり得ないのです。

私たちの人生の成功には、人間関係が大きく関わってくるため、このような視点で物事を見るのはとても大切なことです。

ここまでのステップを、可能であれば、7日間で実践してみてください。

実践のポイントはとにかくやってみること。分からないことがあれば、最初に戻って何度も繰り返すことです。それによってさまざまな気づきが得られます。

「経営運勢学」を実践する際の問題点は、途中でひっかかってしまい、先に進まなくなることです。

たとえば、最大吉方の人が周囲にいないために探し歩いたり、同会の人を探し求めて先に進まなくなったり、あるいは本命の特性の所で苦手意識に苛《さいな》まれて実践を躊躇したりと、途中で止まってしまう理由はたくさんあります。

全てをきっちりやって満点を取るというよりは、20点でも30点でもいいので、まずは肩肘を張らずに気軽にいろいろとやってみることが何より重要です。一緒に実践する仲間がいれば、お互いに励まし合えるので理想的です。私の下で学んでいる人たちは、皆仲がよく和気あいあいと実践しています。もし、途中でつまずいたり、迷うことがあれば、私が主催しているセミナーに参加していただくことも一つの方法です。

以上が開運へのセブンステップです。特に後半のステップはさらっと書いてあるように見えますが、かなり奥義に近いこともご紹介しています。これらをきちんと理解して実践するだけでも大成功しますが、読んだだけでは分かりづらい点もあると思います。

詳しく知りたいと思った方は、ぜひ私が主催するセミナーの動画（巻末参照）をご視聴ください。本章の冒頭でお話ししたように、運勢が良い人限定の経営者コミュニティでは、開運へのセブンステップを入口にして、さらに自分の潜在能力を引き出して開運する方法も実践しています。

第5章

「経営運勢学」で運命のシナリオを書き換える

事例紹介
[さまざまな経営問題とその解決法]

7人の経営者の体験が示すこと

現在、私は「経営運勢学（ビズトロジー）」のセミナーや、「気学」「易学」の勉強会を定期的に行っていますが、本章では、セミナーや勉強会に参加した経営者がどんな悩みを抱えていたか、そして学びの後に実際にどのようなことを実施し、どういう結果になったかを具体的な事例をご紹介します。

事例1　サロン経営と商品販売

裏切りの連鎖を断ち切り、年商が5億円に
――改名と謝罪、移転（吉相の心に変わる）

福岡県の福岡市内で整体のサロンを3店舗経営している方の事例です。

その方はご自身も理学療法士の資格を持っているため、1店舗は自分がメインとなって働き、残りの2店舗は責任者として店長を雇い、パートやアルバイトを雇用していました。経営状態としては、どの店舗も全然儲かっていませんでした。

そこで、形勢を立て直すために勝負をしようと決め、さらに4店舗目を出店。

ところが、任せていた2店舗の店長とパートが結託し、同時期に全員が辞めてしまったのです。そのため2店舗は閉鎖。新店舗と、元から自分が切り回していた1店舗は続けていましたが、会社の経営はトントンから大幅な赤字に転落。路頭に迷っていました。

そこで私が「経営運勢学」上からその人の状況を見てみると、あることに気がつきました。社長の星と名前から、「あなたは、前の仕事を辞める時に人を引き抜いていませんか？」と聞いたのです。

すると、まさにそのとおりでした。

彼は病院で理学療法の治療を担当していましたが、独立時に同僚を引っ張って病院を辞めたそうです。その結果、その病院の上司は人繰りで大変な思いをしたはずです。

そして、こう伝えました。

「あなたが身勝手に人を引き抜いて突然辞めたために、周囲は大変な思いをしたはずで、それは因果応報。その報いが来ているだけです」。

この問題を引きずっている限りは、また同じことが起きるであろうという忠告もしました。そこで私は、2つのアドバイスをしました。一つは名前を変えること。彼の名前は、普段は悪くないのですが、大事な局面では問題が起きる名前でした。

もう一つは、当時の上司に謝りに行くこと。「若気の至りで身勝手なことをして申し訳ありませんでした」と、けじめとして謝罪をするように伝えました。そして、本人はその2つを実行しました。

すると、驚くほど彼の状況が変わったのです。

彼は、履くだけで顔がリフトアップするというオリジナルの靴下を自分のサロンで販売していました。1足3000円前後という値段設定もあり、売れずに苦戦していました。

ところが、上司に謝罪に行った途端、販売会社を設立してその靴下を売ろうと声をかけてくれるパートナーが現れ、年商が一気に4億円を超えたのです。その後テレビショッピングでヒットを飛ばし、全国ネットのテレビ情報番組『ヒルナンデス』に出演。カリスマ整体師の異名を得て、大手出版社から本を出版。さらにドラッグストアでの販売も始まりました。売り込みの結果ではなく、すべて先方からのオファーです。

一発屋で終わらないよう、私は「今の成功はあくまでもバブルで、浮かれていると全部なくなるから、せめて3割減ぐらいで食い止めるために、きちんと脇を固めるように」と釘を刺していました。

しかし人間、生活が一変すると天狗になります。「俺の天下なのに」と馬耳東風です。案の定、投資の誘いや会社を買わないかという誘いなど、有象無象が寄ってきて、その中身はどれも怪しいものばかりでした。

その結果、よく分からない新規事業に手を出し、火傷を負ったところで、私の忠告を思い出して正気を取り戻したので、それ以上の被害を免れることができました。

実は彼には、もう一つ大きな問題がありました。それは、自宅の家相です。

彼の星を詳しく見ていくと、業種を表す星は、九紫火星でこの星は南にいる星です。「四神思想」で、南は見通しがよく、低いことが吉です。しかし、彼の自宅マンションの南側の目の前には山があって、これは凶相になります。

自分の仕事に九紫火星の凶相の影響があれば、毎回感情的な対立が起きてもめることになります。その家から出ない限りは、会社が大きくなった途端に問題が起きて空中分解する、と伝えました。

そこで、彼は引っ越しを考えます。

ところが福岡市内のどこを探しても、南が吉になる土地、もしくは吉凶がない土地は出てきません。紹介される土地は、すべて南の凶相なのです。

不義理を欠いたところへ謝罪し、名前を変えても、今の名前で40年も生きてきたわけですから、半年や1年で全てが切り替わることはありません。

結局、自分の心の中にある奥深い部分、その人の持っているセルフイメージどおりに方位や名前、家相も合致してくるので、メンタルの部分が変わらなければ同じことを繰り返すのです。

それでも彼は土地を探し続け、ようやく1件、いい土地が出てきました。

「ここを絶対に買ったほうがいい」と私が言い、彼が不動産屋に連絡した途端、なんと、土地を売るといっていたおばあちゃんが、突然「売らない」と言い始めたのです。

おばあちゃんは今は老人ホームに住んでいるので、彼女の家と土地を処分しようと相続人が売りに出したのですが、おばあちゃんの気が変わったというのです。

これが「気学」の怖いところです。

その後、またもう1件土地が見つかりました。私が「今すぐ買ったほうがいい」と言い、彼が不動産屋に連絡をすると、なんと、1時間前に別の人が買ってしまったとのこと。もはやこれは偶然ではなく、宇宙の意思が働いているといっていいでしょう。

このように、南の凶相に住んでいる人が引っ越しをしようと思えば、南の凶相の家しか出てきません。反対に北側が凶相になっている家相に住んでいる人が吉方で引っ越しをしたいと思っても、北の凶相の家ばかりが出てきます。

なぜなら、本人が今持っているものが、ただ単に形を変えて投影されているだけなので、引っ越しをしようとしても同じなわけです。

しかし、自分が吉相の心に変われば、吉相の家が現れます。

そこで私は、「古いとか、狭いとか、駅から遠いとか、自分の都合ばかり並べるのではなく、自分を捨てて、まず宇宙の法則に合わせなさい」とアドバイスをしました。

すると、ちょうど子どもの夏休みである8月に、南に引っ越せば吉方になるというタイミングが出てきました。奥さんと娘さんの星は、今住んでいるマンションからそのまま引っ越せば吉方になります。彼はいったん東北に出てその後南西で引っ越すと吉方になるので、1回、東北方位の北九州のウイークリーマンションに単身赴任で3カ月住み、仮吉方を取ることにしました（図9）。

実はこの時、まだ引っ越し先の物件が見つかっていなかったのですが、彼が仮吉方（吉方の方向に移動するために反対の方向へ仮で住むこと）に出ると、なんと8月に引き渡しできる条件に合った物件が出てきたのです。

さらに、その物件を買うためには、今のマンションが売れないとダブルローンになってしまいますが、これもギリギリになって買い手が現れ、家族そろって無事に吉方の方向へ引っ越すことができたのです。

図9　仮吉方を取る

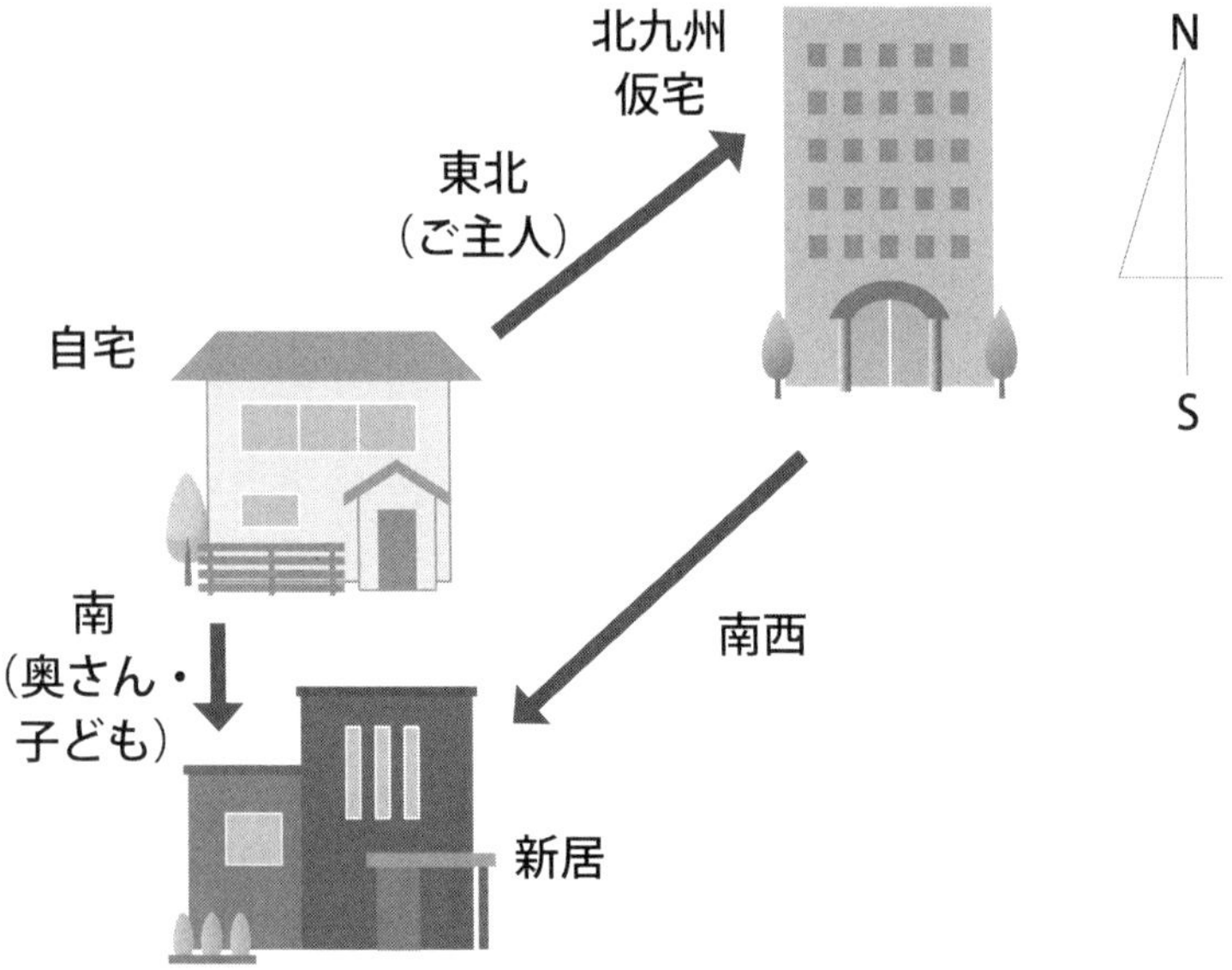

事業規模が大きくなれば、また別の悩みも出てきます。コロナ禍で、中国からの商品供給が途絶えて売り上げが落ちたり、販売面で全面的に協力してくれていたパートナーが手を広げすぎて不良在庫を抱えたりと、いくつかの問題が発生しました。

しかし、そういった状況は、「経営運勢学」の観点から予測がついていて、私が事前に彼にアドバイスを行っていました。そのおかげで、大きな損害にはなりませんでした。

その後、販売会社が株式上場の準備に入り、売り上げの大幅な拡大を目指して、全国にテレビCMまで打ってくれたおかげで商品の知名度も上がり、成功への道が再び開き始めました。

「気学」や「易学」は、まずは心を変えることが大事であり、常に先を読むことで心得ができ、トラブルへの対処も可能になるのです。

事例2 IT関係代理店　決意が状況を変える――住居の移転と仮吉方

熊本でIT関係の代理店を経営している方の事例です。

その方は、「家を建てるので家相を見てほしい」と、図面を持って私のところにやって来ました。

その時、すでに設計がかなり進んでいたのですが、図面を見ると「欠け」だらけで、かなりの凶相でした。

私は「一から設計し直さないと無理ですよ」とお断りしました。

本人もその意味が分かり、せっかくなら良い家相に変更したいと思いながらも、手続きが契約直前まで進んでいたため、大幅な変更もできなければ、ましてや取りやめもできずに、だいぶ悩んだようです。

ところが契約当日、熊本で大地震（2016年4月の「熊本地震」）が起こり、それを理由に話をいったん白紙に戻すことができました。

その後、奥さんが私の勉強会に来るようになり、学びを進めていく中で家相の重要性を理解され、きちんとした家相で家を建てたいという思いを強く持たれました。奥さんから相談を受け、私も設計に携わることになりました。

「気学」には、「その家に住むだけで、龍が渦を巻いて天に昇っていき、大きく事業が成功する」という家相があります。その法則に倣《なら》って設計をしていたのですが、あと少しで建築確認申請を行う段階となった時、チャンスと思えるような誘いがあり、すぐにシンガポールに移住してビジネスを始めると言い出しました。

実は、ちょうど家の設計を始めたころから、会社の売り上げが急激に上がり始めていました。それで気が大きくなったその方は、大きな野望を持ち始め、会社も、家を建てようと思っていた土地も全部売却し、それで得た金を元手に海外進出をしたくなったのです。

大きな野望を持つことは、決して悪いことではありません。しかし、この話がうまくいかないということは分かっていたので、「やめたほうがいいですよ」と忠告をしました。勢いに乗っている時ほど、人は苦言を聞きたくないものです。私もそれ以上のことは言いませんでした。

そもそもこの土地は、奥さんの実家の祖母の土地であり、「家を建てるなら」という理由で譲り受けたものでした。もちろん孫夫婦の成功のためであれば祖母も反対はしないでしょうが、家相の良い家を建てたいという思いが天に通じて、宇宙が祖母を動かしたというのが私の見立てでした。

そうした流れを崩す行動は、宇宙の巨大な後押しを失うことになります。だから、シンガポールへの移住は頓挫するだろうと思っていました。案の定、日本からシンガポールの方位を見ると、ここ数年に渡って凶方でした。宇宙の法則に反する判断をする時は、方位が開かないものなのです。

その後、2年ほど連絡が途絶えていたのですが、久しぶりに「家の設計を再開したい」と連絡がありました。

そこで私が、「この2年の間に何が起きたの?」と聞くと、家を建てるのをやめて、シンガポールに移住すると言った途端にその話が立ち消えになり、会社の売り上げも急落したというのです。

要するに、いい家相で家を建てると言い始めたら会社が調子よくなり、家を建てるのをやめて土地を売ると言った途端に売り上げが落ちたのです。

そんな状況からいつしか夫婦の口論が絶えなくなり、あわや離婚の危機かと思うこともあったそうです。しかしお互いにこれではいけないと思い直し、さんざん話し合った結果、最終的に家を建てることになり、私のところへ連絡してきたそうです。

とはいえ、会社の売り上げも落ちて、銀行もなかなかお金を貸してくれません。工務店に、「何とか銀行を探します」と頭を下げ、設計を再開したところ、奇跡的にお金を貸してくれるという銀行が現れ、さらには翌月から会社の業績がV字回復をし始めたのです。

そして家が完成し、いざ転居となった時、せっかくならと夫の名前を変えて、仮吉方に出て、仮宿に75日間住んで、そこから吉方になるタイミングで新居に入ることにしました。

そこでまず、支店がある熊本の人吉に仮宿を取ろうとしたところ、ちょうど人吉で水害が起きたので、もっと南に行けばいいと、鹿児島県の指宿まで行ってリモートで仕事をすることにしました。

そこで私が、指宿の物件をいくつも鑑定しましたが、唯一、吉になる物件が指宿の役場の裏でした。

私のアドバイスどおり指宿に行くと、その途端に役場の職員と仲よくなり、指宿の町おこしの責任者を頼まれ、彼がプロジェクトリーダーとなって、その下に大手旅行代理店が入り、ワーケーションによる町おこしがスタートしました。

また、仮吉方を取ったら、その間にマスコミに出られるだろうと予告していたのですが、実際、新聞に2回ほど彼の記事が1面トップで掲載されました。さらにテレビにも取り上げられました。

結局、彼の会社は、2000万円だった年商が2年半の間に3億円まで達し、さらには大手上場企業からパートナシップや専属契約のオファーがひっきりなしに入るようになり、引く手あまたの状態となっています。

このケースは、宇宙の法則に乗っていい家相の家を建てると決めたおかげで、会社の業績がよくなったのに、彼が「俺の力だ」と驕《おご》り始め宇宙の法則から外れたことで、悪い状況に陥った例です。しかし、心を入れ替えて法則に従った途端に、また急上昇することができました。

「気学」を学んでいると、このように分かりやすいタイミングで物事が起こります。その分かりやすいタイミングというのは、宇宙が「あなたが、本当に心を入れ替えてこの流れに乗るなら、こんな展開がある」と見せてくれているといっても過言ではありません。そして、慢心が出て自分の都合を優先していくと、売り上げが急落したり、トラブルが続発したりして、途端にうまく行かなくなるのです。

この事例から分かるように、決意した途端に何かが変わります。もちろん行動を起こさなければ決意は形になりませんが、実は状況が転換しはじめたのは、行動ではなく、良い家相の家を本気で建てようと思った決意のおかげなのです。

事例3 経営コンサルタント

両親へ恩返しをしたいという「想い」が「運気」を上げた
――改名と名称変更、仮吉方を取る

ある経営コンサルタントの女性の例です。彼女は、経営者にコーチングをしたり、クライアントの会社のビジョンや理念づくりをサポートするなどして、それまでも何千人もの経営者を見てきました。

彼女のクライアントが私のもとで「気学」を勉強していたこともあり、彼女は「経営者個人の気の流れに合わせて事業計画を作りたい」と、私のセミナーに参加するようになりました。

そこで彼女は、これまで何千人もの経営者を見る中で、成功する人は何をやっても成功し、失敗する人はどれだけ努力をしても失敗する様を見てきました。この違いは何だろうと考えた時に、まさに「気学」の法則が当てはまることに気がつきました。

ならば、彼女自らが「経営運勢学」を実践して効果を体感してみたいと思い、名前を変

え、仮吉方を取ることにしました。

彼女は、「自分の事業を通して世の中をよくする」という自分のビジョンに合致した名前に変えると、3カ月後ぐらいから仕事の内容やクライアントの質がまったく変わってきました。

それまでは、小さな規模の会社や経営コンサルティングを行ってもなかなか事業が長続きしないような企業が多かったのですが、今までとは違う大きな企業や団体とのご縁ができるようになりました。

さらに、専門家としての肩書きも7つに増え、活動の幅が広がり、飛躍しました。

そして、1回目の仮吉方を取った後に、地域の大企業や中小企業の経営者、自治体、税理士、専門家など数十名で、地域活性化コミュニティーを立ち上げることになりました。

コミュニティーの名前についても私に相談があり、人が集まって組織が発展する画数に倣《なら》って名付けました。すると活動直後から新聞で取り上げられたり、コミュニティーでの活動がテレビで紹介され、地域でも知名度が上がり、彼女の経営コンサルタントとしての名前も知られるようになりました。

つまり、名前を変えることで人が変わり、自分の周りを構成する人が変わり、お客さんが変わり、ビジネスパートナーが変わったのです。

そして2年後、彼女はもう一度仮吉方を取りました。仮吉方は、行けるタイミングが限られていて、数年に1回の頻度、方角も決まっています。

2回目の仮吉方は、権威や後ろ盾が付くという方位を取りにいきました。自宅から100㎞のところにマンスリーマンションを借り、往復200㎞かけて毎日仕事に通ったのです。

すると、仮吉方を取っている最中から、一部上場企業との提携の話が舞い込み、市町村が主催するプラットフォームを共に立ち上げ、企画運営まで任されることになりました。まさに後ろ盾を得たのです。

彼女一個人であれば不可能と思われることも実現しました。一部上場企業の後ろ盾を得ることで、彼女一個人の器を超える大きな仕事を任されたのです。その後も、日本を代表する一部上場企業への研修やコンサルティングを行うまでになりました。

自分一人ではできないことが可能になり、吉方の力や名前の効果を得て、運気が押し上げられていったのです。

しかし、ここまで運気を上げることができたのは、「行動」ではなく、彼女の「想い」

です。「経営運勢学」では、活用する人の目的も重要です。誰が何のためにこれを活用するかによって、運気のレベルが変わることがあります。

「私は経営者たちを一生かけて幸せにしたい」という強い想いが彼女にはありました。彼女の実家は、商店街で小さなフランス料理店を経営しており、経営に苦労する両親の姿をずっと見てきて、いつか恩返しをしたいと思っていました。しかし、その矢先に父親が突然体調不良になり、そのレストランも廃業することになったのです。

彼女は、元は普通のＯＬでしたが、経営に苦しむ中小企業の経営者たちに、両親にできなかった恩返しをしたいと思って経営を学び、コンサルタントになったのです。

そこからは経営者を徹底的に研究し、その人たちが幸せになるためにはどうすればいいのかを考え続けました。その中で、経営者が心から笑顔になれるのは、お金を得ることでも名声を得ることでもなく、経営者が従業員と一緒に理想の未来に向かっているときだと気づきました。

そしてそのためには、経営者自身の使命や運気の流れに合わせた事業計画が必要だと感じ、私の所に相談に来たのです。

経営スキルなどは、彼女以外の経営コンサルタントでもいくらでも教えることができます。しかし彼女には、「仕事もプライベートも含めて、経営者一人ひとりが人生を幸せに生きてほしい」という強い想いがありました。そしてその想いがあったからこそ、「気学」や「易学」の力を借りて経営者の力になることができ、さらに自分のステージを上げることもできたのです。

事例4 パソコンの修理会社

仮吉方を取る時は必ず「踏み絵」がある

――ビジネスネームと仮吉方、家相の悪い自宅の売却

紆余曲折の末、仮吉方を取ろうと決意した人の事例です。

私の勉強会に来ていた経営者の売り上げが10倍以上になり、それを見た関連会社の人が「なぜ、そんなに大成功をしたのか秘訣を知りたい」と、私のところに来ました。そこでまず面談を行い、「どうしたいのですか」と問いかけました。

彼は、パソコン修理の会社を経営していましたが、修理の需要がだんだん減ってきていました。昔と違ってパソコンの買い替えサイクルが早まっていて、修理よりも買い替える人が多くなったことと、タブレットのように簡単には分解できない製品が増えてきていることがその理由です。

いずれ仕事がなくなることを前提に、「滅びゆく業種だから、俺たちはプライドを持っ

て、最後の修理屋としてやっていく」と言うのです。しかし、最後までやっていくと言っている割には、どこか歯切れの悪さというか逃げ腰のようなものを感じたのです。

私は彼の話を遮って、「ところで生年月日とお名前をここに書いてもらえますか」と言って筆記用具を渡しました。そして、彼の生年月日と名前を見た瞬間に確信を得たのです。私は間髪入れずに、「従業員ともめていますよね」と言うと、彼はハッとした顔つきになり、「なぜ分かったのですか？」と尋ねました。

案の定、彼は自分の事業に身が入らずに、フラフラと遊び歩いていました。会社にはあまり顔を出さず、たまに会社に行っても、従業員は知らん顔で好き勝手にやっていたようです。従業員に任せているといえば聞こえはいいですが、実際には管理もせずに放置していました。

ふたを開けてみたら従業員はやりたい放題やっていて、お客さんとのトラブルもかなり抱えていたことが、私の指摘で発覚したのです。

結局のところは、社長が好き勝手にやっていたので、従業員も好き勝手にやっていたに過ぎません。それが名前と本命星の運気にハッキリと表れていました。

さらにこうした場合は家相がグチャグチャなことが多いので、家の図面を見せてもらうと、やはり破綻していて、一家離散をするような家相でした。

詳しく聞くと、母親が実家で仕立ての商売をしており、徐々に事業を広げ、パートを雇うために自宅を増築していったそうです。その結果、当初の家相よりもかなり悪くなっていました。

その後、父親が出ていき、母親の商売も途中でダメになり、母親からその家を買ってリフォームして住むようになったそうです。

私は話を聞きながら、「親が離婚して、今度はあなたが離婚する番になるかもしれない。奥さんとはかなり冷え込んだ関係になっているのではないですか？　社内の人間関係もこの家をリフォームした頃から分裂寸前になり、兄弟との間でも相当問題を抱えているはずですよね」と指摘しました。

なぜ彼は、ここまで家相も地相も悪いところを選んでしまったのか？　話を聞くと、彼は若い頃にケニアに行き、向こうでビジネスをしていました。そこで彼の星を見ると、ケニアは凶方だったのです。

「ケニアでは、大変なことが起りませんでしたか？」と聞くと、「誘拐されて、殺されそうになりました。命からがら日本に帰ってきたんです」とのこと。

凶方も吉方も距離が遠くなるほど影響力が強くなります。地球の裏側まで行った凶方の影響がそのまま残っているわけですから、家庭だけでなく会社の状態も決していいはずがありません。会社の地相もひどく、彼の名前も相当悪いものでした。

そこでまず、名前を変えることから始めました。ビジネスネームとして、良い名前を仕事で使うようになってから、少しずつ運勢が好転していきました。

そして次に、ケニアまで行った凶作用を打ち消すために、仮吉方を計画しました。引越しなどの移動方位の吉凶と同様に仮吉方も距離に比例するため、なるべく遠くまで仮吉方に出ないと改善が見込めません。

彼の住まいは千葉県でしたが、その時に使用できる吉方で距離を一番稼げるのが島根県でした。ちょうど私がそこでも勉強会を開催している経緯もあって、思い切って島根に行くことに決めました。

私は彼に、「今までの家相、地相、方位が全て悪いから変えていくことが必要ですが、あなたの深層心理のコンフォート・ゾーンがそこにセットされているので、今一気に変えようと思っても必ず反動が起きます。そういうときに限って身内が亡くなったとか、倒れたなどといって呼び戻されるものです」と言い終わった瞬間に奥さんからの電話が鳴り、「母親（義母）が倒れた」との知らせが届きました。

彼の顔面を見ると真っ青です。私が言い終わった途端に、示し合わせたように電話がかかってきたわけですから。

「仮吉方どころではない」と、慌てて準備を中止しようとしていた彼でしたが、ここで踏みとどまり、計画した仮吉方をやり遂げるか、それとも起きた事象にとらわれてやめてしまうのか？　という踏み絵のような大きな選択を迫られることになったのです。

彼はあたふたしていましたが、奥さんが倒れたわけではないので、仮吉方に行かずに今の家にいても、何もすることはありません。もちろん奥さんへのフォローは必要ですが、お子さんも大きいし、彼自身に何かがあったわけでもありません。

こうした踏み絵のようなことは、本人が重要な行動に移ろうとするときによく起きることです。踏み絵というと、何かスピリチュアル的に感じてしまうかもしれませんが、そうではありません。たとえ低空飛行であっても、今までの状態で安定していたところをぐっと変えようとすると、元の状態に戻す力が働くのは、極めて物理的な作用なのです。

第2章で、「集合意識」というものがあって、人は無意識の深いところでつながっているとお話ししましたが、家族という一つのコミュニティーの場合は、誰かがコンフォート・ゾーンから抜けようとすると、たいてい自分以外の身内が元に戻そうと引っ張るのです。

そこで私は、「周囲を無視して行くのではなく、きちんと家族間で問題が出ないよう調整をしたり手配をしたりして、段取りをつけてから吉方に出ることが、あなたの心を変えるために必要な修行なんですよ」と、彼に言いました。

現代の修行は滝に打たれることではありません。滝に打たれるほうが、人間関係のすったもんだの調整をするよりもずっと楽です。

よく、経営者が滝行に行き、終わったらビールを飲んで温泉に入って帰って来ますが、あのようなものは修行とはいえません。単に非日常的なイベントであり、楽しいだけのものです。

そうではなく、家族の問題の調整のように、日々の生活の中でどういう行いをするか。その行いに意味がなければ、修行の意味がないわけです。

その後、お義母さんは脳腫瘍で余命数カ月という宣告を受けたそうです。「いつ亡くなるか分からないので、仮吉方には出られません」と彼は言いましたが、本質はそういうことではなく、いざというときに駆けつけられるように段取りをして、仮吉方に行くことが重要なのです。

私はこれまでの数多くの事例を見てきた経験値から、「あなたの決意があれば、最後までやれるから」とアドバイスしました。そして結果的に、仮吉方から帰ってきて6時間後にお義母さんは亡くなったそうです。

これは、彼が「行く」と決意をしたので、彼が帰って来るまでお義母さんが待っていてくれたのだと思います。彼が意志を決めたことで、環境がそこに合わせてくれたわけです。

あまりにも家相が悪かったため、仮吉方と同時進行で自宅の売却の準備も進めました。不動産屋から、「違法な増築をしているために住宅ローンが通らない物件だから、売却はかなり難しい」と言われたそうです。

しかし私は、「それなら、その家相どおりの不幸な人が買ってくれるから心配はいらない。それよりも、早く悪い家相の家から脱出して運気を上げなさい」とアドバイスをしました。

実は、家相のいい家はなかなか売れません。なぜなら、幸せな人は少ないからです。しかし不幸な人は多いですから、家相の悪い家ほど売れていきます。売れなかったらどうしようという心配はいりません。たとえば、糖尿病の人に限って甘いものが好きだったりしますが、体が悪い人は体に悪いものが好きなように、不幸な人は悪い家相を好むのものなのです。

実際に、彼が仮吉方から帰るタイミングで近所の賃貸に移り、その家を売り出したところ、悪い家相のその家を相場よりも高く買うという人が現れました。それも現金一括払いでです。これには不動産屋も驚いていました。引き渡し時に会ってみると、不幸そうな雰囲気が昔の自分にそっくりだったそうです。

彼の仮吉方が、この家が良い条件で売れる後押しになったのです。

事例5 保険代理店

五黄殺への会社の移転で社屋が火事に
――人間関係と事務所の家相・地相をリセット

反面教師の事例です。

私の勉強会に来ている生徒さんで、個人で保険代理店を営んでいる人がいました。

昨今の保険業界の流れで、規模を拡大してメリットを出すために、彼の会社を軸にして地域の代理店が6社ほど合併して数年が経過したときのことでした。

元々は考え方も違えば仕事のスタイルも違う者同士が、大元の保険会社に勧められるままに金銭的なメリットだけで合併したので、人間関係がうまくいっていませんでした。

しかも、彼の会社の元の社名は鑑定上非常に運勢の良い社名だったのですが、合併をしたのだから心機一転新たな社名にしようと多数決で決めたため、内部分裂するような運勢の悪い社名に変えられてしまいました。

社内がギクシャクし出したのはその頃からで、険悪なムードが漂うようになったそうです。対等合併とはいえ、彼の会社を母体として設立したので、彼が取りまとめ役を担っていました。ところが、残りのメンバーはそれもまた面白くなかったようで、次第に彼を攻撃するようになりました。

そして事件が起きました。

定例ミーティングの最中に突然、緊急動議で「今から臨時株主総会を開く」と言われ、その場の決議で彼は役員を解任されて会社を乗っ取られてしまいました。

彼以外の全員が示し合わせて、彼をだまし討ちにしたのです。彼は悔しさのあまりしばらくは仕事が手に付かず、精神的にも追い詰められてしまいました。

そのような状態のときに私のところに相談に来ました。話を聞いて私は、彼らは絶対にうまくいかないから黙って見ていたらいいということ、お客さんにはきちんと事情を説明して今後の方針を伝えること、の2点をアドバイスしました。

さらに、人間性の悪い人達と縁が切れたのだから良い機会だ、と前向きに考えたらどうか、とも付け加えて伝えました。

紆余曲折の末ではありますが、自分が担当していたお客さんのほとんどが、彼が新たに立ち上げた会社に契約を移してくれたため、彼の事業は事なきを得ました。

一体何が問題だったのでしょうか。現実的な問題もいろいろとあったのですが、運勢的にも2つの大きな問題を抱えていました。

1つ目は、彼の名前です。改名前の名前がかなり悪くて、発展していたものが中断し、ことごとくゼロになるという名前でした。

私の所に学びに来て良い名前に改名はしましたが、会社を合併したのは改名以前の話で、私はそのメンバーの名前を見て驚愕しました。類は友を呼ぶとはこのことで、「よくもまあこれだけ悪い名前の人が集まりましたね」と思わず言ってしまったほどの名前ばかりだったのです。

2つ目は、本社にしていた彼の事務所の家相と地相が、争いの絶えない問題があるものだったことです。

地相を「四神思想」に当てはめてみると、南が高くて北が低いという、吉相とは真逆の地相で、南北ともども凶相だったのです。南の凶相は鑑定上は九紫火星の凶の作用が現れるのですが、保険代理店という仕事は九紫火星の気を帯びている職業なので、南の凶相の影響をもろに受けます。ということは、ここで保険代理店をすれば事例1と同じケースで、人間関係がこじれるだけでなく、業績にも大きな問題が出るということです。

また、北の凶相は鑑定上は一白水星の凶の作用が現れますが、彼の本命星は一白水星なので、北の凶相の影響をほかの星の人よりも強く受けることになります。

家相のほうも、西玄関で西がメインの採光面でしたので、ここで九紫火星の業種の仕事を行えば必ず衰退する、最悪の家相だったのです。実際に隣のテナントも同じ家相で九紫火星で見る美容室が入っていましたが、経営がうまくいかずに撤退してしまいました。

今回の一件は荒療治にはなりましたが、一緒に組む相手をリセットして、もう一度やり直す良い機会だったのです。

その後、その共謀者たちは、本社を五黄殺《ごおうさつ》の方向に移転しました。人を陥れるようなことをしたり、自分の利益のためにだまし討ちをかけるようなことをしている人は、たいてい五黄殺の方向に引っ越しします。

そしてその五黄殺の作用は、火事にまつわることがあったり、精神的に病んでしまったり、場合によってはガンが見つかったり、会社の場合は倒産の危機に晒される場合もあります。移動した距離やその年によって作用の大小はありますが、腐敗、壊滅、死病などという現象が現れるのです。

それから5年が経過し、その保険代理店の事務所が火事で全焼してしまいました。彼はそれを聞いて、怖くて鳥肌が立ったといいます。なぜかというと、この手の業種の事務所が火事で全焼するリスクはほとんどなく、偶然とは思えなかったからです。保険会社はあらゆるリスクを計算して保険料を算定しますが、このような保険会社自らの事務所が火事を起こすケースは200年に一度の確率だそうです。

さらに、そこに関わっていたメンバーも、実家の親の介護で仕事ができなくなったり、家族にトラブルがあって仕事を辞めなければならなくなったり、精神的に病んでしまった人もいて、ほとんどのメンバーが身の上にとんでもない出来事が起きたのです。わずか5年で兆候が出始め、今やその会社は壊滅状態だそうです。

私の今までの経験値から、こうなることは分かっていました。だからこそ、その方には、事前にそういったことが起きるよ、という話はしていましたし、凶方に引っ越す怖さも伝えていました。

そもそも、五黄殺に引越しをすることになるような心根を持たないようにすることが大事なのです。

これは、方位を見ずに心のままに引っ越しをすれば、その方位のままの現象が起きるという、一つの分かりやすい事例です。

事例6 中小企業

易が決断の後押しをしてくれた
――「水地比」を基にした行動と従業員の解雇

84ページでお伝えしたように、「水地比《すいちひ》」という易の卦は、小規模の町工場の経営によく当てはまる卦です。規模の小さい会社は上下関係ではなく、社長を中心に和気あいあいとした環境で運営できているかが経営のポイントだと水地比は教えています。

以下は、ある中小企業の社長の例です。

社長がトライアスロンなどの趣味にのめり込み、そのうえ会社をバイアウトすると言ったので、従業員の中から反乱が起きて、会社の存続が危うくなったため、社長自らが相談に来ました。

「気学」を学ぶことにより、遊び歩いていた社長が反省し、頭を下げて現場で仕事をし始めますが、従業員から「あなたは経営者として失格だ」と責めたてられました。

ショックを受けた社長は、打開策を探すために、私の下で易を立ててみたのです。

易は現在の状況を客観的に教えてくれると同時に、それに対する心構えを指し示してくれますから、経営判断にはとても参考になります。立ててみた結果、水地比という卦が出ました。これは、中小企業の社長であればよく出る卦でもあります。

水地比は、仲間とどのように親しむべきか、という人間関係がテーマになっている卦で、この時の易の答えは、「あなたは人間ではない悪人と親しんでいる」、要するに親しむ相手を間違えていると易が示唆したのです。

その悪人に当たる人は従業員です。社長が頭を下げても、「社長が悪い」と罵倒する従業員。つまり、「会社を良くするには、その人たちに媚びてまで仲よくする必要はない」と易は教えていたのでした。元はと言えば好き勝手にやっていた社長が悪いのですが、社長が心を入れ替えて仕事をするようになれば、見ていないのをいいことにろくに仕事もせずにやりたい放題やっていた従業員が、いままでどおりにできなくなるのを恐れて猛反発していただけなのです。

実は私は、その3カ月ぐらい前からこの社長に、「そういうことをしていると水地比という卦が出ますよ」と予告していました。その時私は、「そのような人達はあてにしなくてもいいのでは」とも言っていたのですが、社長は、「今まで一緒に頑張った仲だから」と思いを述べました。しかし易は、「本来親しむべき相手を間違っている」と教えてくれているわけです。

そして、まさにその3カ月後に水地比が出たのです。

易の卦は全部で64個あり、64の時を表す物語があることはすでにご説明しましたが、1つの卦には、さらに変爻《へんこう》というものがあって、そのときの変化の成り行きを6段階で表しています。変爻には時の変遷の過程やそれぞれの登場人物の地位や人間関係、変化の行く末などが示されています。

この時出たのは、水地比が持つ6つの変爻の中でもっとも悪い意味のもので、社長の足を引っ張っている中心人物がいると出たのです。つまり64×6、384分の1の確率でこの卦が示す変爻が出たわけです。

私のアドバイスに加えて、易でも同様の卦が出たことで、社長は、とうとう決断します。実際、思い当たる従業員には、目に余る行為も多々あったので、話し合いの結果、退職してもらうことにしたのです。

その後も社内がゴタゴタしていたために、その期の決算は大幅な赤字転落を覚悟していたのですが、**易が示唆するその悪人がいなくなったことで、過去最高の売上を計上**して、見事にV字回復を果たし、黒字決算で着地できました。

このように、易を立てることで背中を押してもらえることもあり、本人の揺るがない決意が新しい状況を作っていくのです。

事例7 工事現場の監督

易を立てることで、事前にリスクを読む
――「沢風大過」を基に重要工事を無事にこなす

私の生徒さんで工事現場の監督をしている人の事例です。

彼は、公共工事を請け負うことになったので、自分で工事に入る前に易を立ててみたところ、「沢風大過《たくふうたいか》」という易の卦が出たそうです。

そこでどうしたらよいか、と私のところに相談に来ました。

沢風大過というのは、「何かが重さに耐えきれなくなって潰れること」を表わしています。「その現場には何があるの？」と聞くと、なんと、そこには日本最古の下水溝があるとのこと。今から400年以上前の秀吉の時代に整備され、原型が作られた下水溝（背割下水）が残っており、いまだにそれが使われているというのです。

その遺構は文化財にも指定されてるのですが、その工事では下水溝の真上に数十トンもあるようなクレーンを設置して大がかりな作業を行うとのこと。

役所が立てた工事の計画では、鉄板を敷いて養生するようにしているそうですが、易はその設計では重さに耐えきれずに、下水溝は潰れる可能性があると示唆しているのです。

重機を乗せて下水溝が潰れたら、当然クレーンはひっくり返りますし、秀吉の時代の文化財を壊したとなれば、大変なことになります。

それを受けて、彼は役所に本当にこの設計で大丈夫なのかと何度も掛け合い、もし潰れたら役所は責任が取れるのかと本気で詰め寄ったそうです。

そこまで言われると、役所のほうも、もしものことがあったらと怖くなったのでしょう。予算を追加して設計を見直し、仕様を変更したそうです。

これは「何かが潰れる」と易が答え、リスクを知らせてくれたのです。実際に工事を始めてみると、当初の仕様ではかなり危険だったということが分かりました。おかげで工事は事なきを得て、滞りなく行うことができたと彼から報告がありました。これは易で兆しを読み、事前にリスクを察知できた典型的な事例です。

終　章

世界を味方につける「天の法則」

原理原則を追求していた少年時代

最後に、私がなぜ「気学」や「易学」を学び、「経営運勢学」にたどりついたかを少しお話ししたいと思います。

私は、もともと子どもの頃から理屈っぽく、「なぜそうなるのか」という秘密を知りたがるタイプでした。ヒーローや戦隊ものよりも、ガンダムのようなメカニックや機械の仕組みに興味を持ち、中学卒業後は高専に進学し、エンジニアを目指しました。

高専では、全てのエンジニアリングの基礎である高等数学を学んだほか、校長先生がゼロ戦の開発者だったこともあり、航空学の教授に話を聞く機会なども多くありました。

その中で印象に残っている話は、「飛行機のようなものは、空気抵抗をコンピューターでシミュレーションしたり風洞実験をしなくても、工学的に理にかなっていれば、見た目のディテールがものすごく美しい」ということです。

要するに、見た目が本当に美しく芸術性があるものは、力学的にも工学的にも優れているということです。

日本では芸術とエンジニアリングの世界は切り離されています。しかし、例えば車はデザイン性と空気抵抗を両立したフォルムが求められますから、ヨーロッパではエンジニアリングが芸術の一部であると考えられています。どうりで、ヨーロッパの工業デザインが洗練されているわけです。これは建築も同様です。

高専時代はガリ勉タイプではなく、遊んだりバイトもしていましたが、成績は常にトップクラス。首席に近い成績で卒業しました。

というのは、エンジニアリングの世界は、原理原則論が分かっていれば、ほとんどの問題を解くことが可能だからです。高等数学の難しい計算も高校生で習うような定理が分かっていれば、試験中にそこから公式を作れるので、公式を暗記しなくても問題を解いていくことができます。

また工学の試験などは、複雑な計算をするために関数電卓の持ち込みが許される場合が多かったので、試験問題を解くためのプログラムを入力した関数電卓に似ているポケットコンピューターを持ち込み、そのプログラムに試験問題を解かせたりしました。そしてそのプログラムを友人に販売したりもしていました（笑）。

そんな高専時代に出会ったのが『三国志』です。強い軍隊でも、時を読み間違えたがために全軍が壊滅することもあり、それはなぜだろうと興味を抱き、同書がきっかけで、能力開発の世界にも首を突っ込むようになりました。

こうして「経営運勢学（ビズトロジー）」が誕生した

高専卒業後は、エンジニアとして大手上場企業に就職しましたが、「これは自分が目指しているものと違う」と感じ、スパッと辞めてしまいました。

その後、自分探しの旅をする中で、有機農法に興味を持つようになりました。それは、自然界の原理原則を知ることができるのではないかと考えたからです。そして農業をしながら、空いた時間に能力開発や心理学などの勉強をしました。

そして35歳の時に、能力開発の勉強会で出会った、ある地方企業の御曹司からスカウトを受け、雇われ経営者をすることになりました。その御曹司は父親から会社を継いで社長に就任するタイミングだったのですが、今までのしがらみや仕事をもらっている元請けとの関係もあって、彼の理想とする事業形態とはかなりのギャップがありました。ましてや、先代からの引継ぎのタイミングで、社内を大きく改革することは容易ではありません。ならば、経営者を雇い、新規で別会社を作って理想を実現するほうがいい、と模索している最中でした。そこで私に白羽の矢が立ったのです。彼の「こういう会社を作りたい」という企業理念が私の思うところと合致していたので、私は彼と共に理想の会社を実現しようと、新会社の立ち上げに邁進したのです。

諸般の事情から資本金わずか３００万円から始め、銀行から3億７０００万円を借りて工場を建て、事業をスタートさせました、そして、私がトップに立って社員教育や経営マネジメントなどの経営管理の中心を担い、わずか5年でグループ年商20億円、経常利益率10％を越えるまでの成長を遂げることができました。

そのような奇跡が実現できたのも、理念に賛同する仲間がさらに集まったことと、タイミングに恵まれたからです。事業は短期間に大成功を収めました。しかし、成功すればしたで大きな問題が持ち上がります。

当初は「世の中をこうしたい」との志があった仲間たちも、お金が入り始めると突然人間が変わるといいますか、本性が現れてきて、「お前は金が欲しいんだろう」と、札束で人の頬を叩くような人間になってしまったのです。

私はお金を稼ぐことが悪いとは思っていませんが、人間の器ができていないまま大きな力を手にすると、ろくなことにならないという事実をこの御曹司をはじめ仲間たちから学びました。また、この仲間たちだけでなく、士業の先生の裏切りに遭ったせいもあり、離職を決意しました。

さらに、あまりの多忙で体調を崩し、非常勤役員という立場で2年程かけてその会社の仕事の引き継ぎを行い、その傍ら次の人生の柱となる学びを深めていました。同時に、「気学」や「易学」の簡単な知識はあったものの、実践的でより深い学びを得たいと以前から思っていたので、師となる人を求めて日本全国を捜し歩きました。

学生時代に夢中になった諸葛孔明のように、宇宙の気を自分の味方につける技があれば、自分の能力以上のことができるのではないかと考え、本物の知識を学びたいとの思いで何人もの鑑定士の門をたたきました。

しかし、ほとんどの鑑定士は個人の運勢にしか触れず、私が学びたいことを教えてくれるほどの器ではありませんでした。

そんなときに、単なるテクニックではない村山幸徳先生の世界観「心が変わらなければ何も変わらない」を知り、生涯の師に出会えたと確信し、師事することになったのです。村山先生につくことで、ものごとの本質を探求したいとの思いから、より深く「気学」「易学」を学ぶことになりました。

村山先生に学ぶうちに、これらの知識や技術が、今後、経営者を指導していく上でとても有効なものになるのではないかと思ったのです。

私自身も経営者でしたが、離職後は経営コンサルタントとして独立しようと思っていました。そこに、これまで学んだ「気学」「易学」も加えたらどうだろうか？　と考えたのでした。

もちろんそれまでも、経営者向けに「気学」「易学」を交えたコンサルティングをしている人はいましたが、彼らはすべての経営者が持つ気学の星だけで鑑定をしています。また、経営者としての実務経験が乏しい人が多いので、アドバイスの内容がどうしても個人の運勢に偏ってしまいます。

私のように、実際に数億円単位の借り入れを行って事業を立ち上げ、短期間に20億円規模の年商まで会社を育てた経歴というのは、この業界では異例だと気づいたのです。それを生かしてもっと大局的に、経営そのものも「気学」「易学」を使ってコンサルティングをしてはどうだろうかと思い至ったのでした。

そもそも私は、個人の運勢にはまったく興味がありません。

どうしたら事業で圧倒的な結果が出るか。前述したとおり、それには個人の運勢よりも外気の影響を見て、宇宙の気の流れに乗ることが一番です。そこで私は、これまでの鑑定士とは異なる視点から鑑定するようになりました。

こうして「経営運勢学（ビズトロジー）」が誕生したのです。

経営者の仕事は人間を造ることである

現在、国際関係において各国が非常な緊張を強いられています。

そんな中、あまりにもお花畑な認識の日本の政治家を見て、日本は大丈夫か？　と思う人も多いのではないでしょうか。

しかし私は、政治家の質が悪いのもそうですが、やはり国民の質が低下しているのを感じます。ほとんどの人は、国際政治や世の中に起きている出来事に無関心になっています。

本来、日本はそういう国ではなかったはずです。

江戸時代は「気学」や「易学」の知識や考えが広まっており、特に元禄文化は当時の世界の中でもかなりレベルの高い文化でした。欧米では貴族しか読み書きができなかった国も多い中、当時の日本の識字率はものすごく高く、一般大衆の文化レベルや教養のレベルも世界でもトップクラスだったわけです。しかし、それが時代を経るごとにいつしか失われ、一般大衆全体の質が下がってきました。

私は、国が弱体化するのは、政治家のせいではなく、国民の質のせいだと思っています。なぜなら、政治家がよくなれば国民がよくなるというのは、民主主義ではなく専制君主制の考え方だからです。

有能な指導者が現れればいいのですが、そうでない場合、大衆は国のレベルの低下を指導者のせいにします。そして行き着く先には、革命か内戦という悲劇が待っているのです。しかし、われわれの民主主義においては、自分たちが選んだ指導者ですから、責任は自分たちにあります。人のせいにしてはいけないのが民主主義です。

ロシアや北朝鮮をはじめ、近年、専制主義による独裁主義国家が世界で急速に拡大してきています。それらは1960年代には世界のわずか20％ほどにすぎず、民主主義国家のほうが圧倒的に多かったのですが、2000年代に入ると数の上では拮抗し始め、現在ではおよそ半分を占めるまでになり、人口に至ってはなんと世界人口の約71％が「独裁に分類される国」に住むという衝撃の統計結果があるのです。これは近年、世界で急速に独裁化が進んでいることを表しています。

では、その民主主義国家の中で、どうすれば日本がポテンシャルを取り戻せるのかといえば、一般大衆の質が上がること、つまり民間の力を向上させることが必要で、政治のせいにしてはいけないのです。

日本は資本主義の経済で回っているわけですから、民間の力となれば、当然経営者の力が問われることになります。

経営者がきちんと社内で教育をする。私は経営者の影響力は、民主主義国家、資本主義経済の中では、非常に大きいと考えています。経営者が従業員に与える影響、その従業員が家に帰り、配偶者や子どもに与える影響は、相当強いのではないでしょうか。

ですから、会社の経営状態をよくすることで経営者を助け、日本全体をよくしたい。ひいては世界をよくしたい。そのお手伝いを「経営運勢学」を使って実現していくのが、私の使命であると感じています。

人間の成長モデルを明らかにしたマズローの法則では、人間の欲求は、第一段階が生理的欲求、第二段階が安全欲求、第三段階が愛と所属の欲求、第四段階が承認欲求、最後の第五段階が自己実現欲求であり、低次の欲求が満たされて初めて、次の欲求が発生するといいます。

第一段階の、食うや食わずの人に世の中をよくしようと言っても無理です。まだ安定した職業も何もない第二段階の人でも無理でしょう。第三段階の愛と所属の欲求で、享楽にふけっている経営者に、世の中をよくしようといってもやはり無理なわけです。

ですから、早く第三段階から卒業し、第四段階における世の中に価値のあることを行い、第五段階の自分の使命・天命を全うするレベルに到達する必要があります。それをお手伝いするのが「経営運勢学」だと考えています。

孔子は「四十にして惑わず、五十にして天命を知る」と言いました。

経営者は人の生活を預かっているのです。先ほどのマズローの法則を会社に当てはめると、第一段階目は会社が潰れるか、潰れないか。第二段階は会社が安定的に利益を出しているか。第三段階は従業員がこの会社に所属してよかったと思ってくれているかです。

その第三段階が満たされて初めて第四段階における社会的に価値のある会社にしたい欲求となり、第五段階の会社の理念が実現できるのです。

力があるものが、どうやってその力を行使していくのか。それが、経営者が本来学ぶべきことです。

本書のタイトルのとおり、もしも孔子のような素晴らしい賢者が今の時代に蘇って、あなたの会社をコンサルティングするとしたら、どのようなアドバイスをするだろうか。きっとそのアドバイスによって、社長も社員も会社も皆幸せになって大成功し、さらには素晴らしい世の中へと変化する――。そのような壮大な想いを胸に秘めながら、本書を書き上げました。

私が求めてきた道、目指している道は孔子が歩んできた道であり、二宮尊徳や澁澤栄一、松下幸之助――と、名だたる先達が学んできた道です。

そして、その道には変わらない本質があるからこそ、数千年という長きにわたり、多くの先達から求められてきたのです。

本書でその道の素晴らしさに少しでも触れ、興味を持っていただけたら幸いです。

株式会社ネクストフロネシスブレイン代表取締役　山口知宏

著者プロフィール

山口知宏（やまぐち・ともひろ）

株式会社ネクストフロネシスブレイン代表取締役／一般社団法人社会運勢学会理事／産業カウンセラー

東京都生まれ。航空工業高等専門学校卒業後、エンジニアとして大手上場企業に就職するも、目指すものとの違いを感じ退社。能力開発の業界に身を投じ、数々の経験を積む。35歳の時にある事業の立ち上げをゼロから任され、わずか5年でグループ年商20億円、経常利益率10%を超えるまでに成長させる。東洋思想の「気学」と「易学」を本格的に学ぶために、社会運勢学の第一人者である故・村山幸徳氏に師事。直弟子として同団体の理事も務める傍ら、2010年ごろから事業立ち上げの経験と能力開発などの心理学のノウハウ、気学と易学を融合し、多くの経営者を成功へと導く「経営運勢学（ビズトロジー）」を確立。経営者向けにセミナー等を行う。

2012年、株式会社ネクストフロネシスブレインを設立。社会・政治・教育・テクノロジーなど、時勢を運勢学の観点から論じる切り口を取り入れたセミナーや講演が人気を博し、年間150回以上開催する。経営指導だけでなく、経営者の「人」としての成長も促しており、人材育成、特にリーダー育成に尽力している。毎年刊行される『展望と開運』（KADOKAWA）の執筆陣の一人。『家庭画報』をはじめ、メディア掲載の実績を多数持つ。

●山口知宏公式サイト
https://nfbrain.jp/

●セミナー動画はこちら

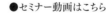

企画協力　株式会社天才工場　吉田　浩
執筆協力　下関崇子
編集協力　長谷川　華（はなぱんち）、吉田孝之
組　　版　GALLAP
装　　幀　華本達哉（aozora.tv）
校　　正　須藤一郎

7日間で劇的に変わる経営運勢学（ビズトロジー）
孔子があなたの会社のコンサルに！

2023年11月30日　第１刷発行

著　者　　山口知宏
発行者　　松本　威
発　行　　合同フォレスト株式会社
郵便番号 184 - 0001
東京都小金井市関野町 1 - 6 -10
電話 042（401）2939　FAX 042（401）2931
振替 00170 - 4 - 324578
ホームページ　https://www.godo-forest.co.jp
発　売　　合同出版株式会社
郵便番号 184 - 0001
東京都小金井市関野町 1 - 6 -10
電話 042（401）2930　FAX 042（401）2931
印刷・製本　株式会社シナノ

■落丁・乱丁の際はお取り換えいたします。

本書を無断で複写・転訳載することは、法律で認められている場合を除き、著作権及び出版社の権利の侵害になりますので、その場合にはあらかじめ小社宛てに許諾を求めてください。

ISBN 978-4-7726-6241-3　NDC 336　188 × 130
© Tomohiro Yamaguchi, 2023

合同フォレスト
ホームページ

合同フォレストSNS
facebook　Instagram　X　YouTube